しがみつく人には、
手に入らない。
しがみつかない人に、
集まっていく。

中谷彰宏

あきひろ

この本は、３人のために書きました。

❶やりたいことがたくさんあって、時間が足りない人。

❷クヨクヨ感じて、集中力がない人。

❸捨てることができなくて、部屋が狭《せま》く感じる人。

プロローグ

「しがみつく人」と、「しがみつかない人」がいる。大人になるということは、しがみつかないということだ。

「うまくいく人」と「うまくいかない人」との違いは、「大人」か「子ども」かの違いです。

「子ども」と「大人」の違いは、年齢だけではありません。

「しがみつく」のが子ども、「しがみつかない」のが大人です。

大人になっても精神的にまだしがみついている人は、50歳になっても60歳になっても、まだ子どもです。

しがみつくから、うまくいかないのです。

子どもがしがみつくのは仕方ありません。

1人では生きていけないからです。

やがて受け身の状態を乗り越えて、自立して、人を助ける側にまわっていきます。

それが大人になるということです。

しがみつこうと思えば、親だけではなく、あらゆるものにしがみつくことができます。しがみつく側にまわっている間は、その人は子どもです。

しがみついている人間は、自分がしがみついていることにすら気づきません。

しがみつかれる側からすると、めんどくさい人になるのです。

しがみつこうとすると、よけいしんどくなります。仏教で言う「執着《しゅうちゃく》」です。

すべての苦しみから、執着を捨てることで救われるのです。

01
●しがみつかない大人になる方法
しがみつかないことで、大人になろう。

しがみつかない大人になる63の方法

01——□しがみつかないことで、大人になろう。
02——□自立して、つきあおう。
03——□反対されることで、安心しない。
04——□思い出の剥製を残さない。
05——□新しい思い出をつくろう。
06——□「かまってちゃん」にならない。
07——□信じて、ゆだねよう。
08——□つかず離れずの距離を持とう。
09——□原因話より、解決策を考えよう。
10——□反対する人を、浮かび上がらせよう。
11——□お金に、しがみつかない。

12——□今の利益に、しがみつかない。
13——□交換しよう。
14——□絶頂期と比較しない。
15——□今あるお金にしがみつかない。
16——□減らそう。
17——□会社に、利益を出そう。
18——□今を、つかもう。
19——□要らないものを、抱えない。
20——□正解の中から、1つを選ぼう。
21——□肩書きを、全部言わせない。
22——□収納上手にならない。
23——□会社に私物を持ち込まない。
24——□場所を変えよう。

25——□服の場所を入れかえよう。

26——□今より小さいところに、引っ越そう。

27——□要らないものだけでなく、要るものを捨てよう。

28——□ものの奴隷にならない。

29——□定期的に、席替えをしよう。

30——□「いつか」と先延ばししない。

31——□「いい人」であることに、しがみつかない。

32——□部下に頼られようとしない。

33——□引き継ぎをしよう。

34——□上司にも、部下にも、完璧を求めない。

35——□板書をするより、話を聞こう。

36——□しがみつく人には、スルーしよう。

37——□出入り禁止にならない。

38──□横取りに、ムッとしない。
39──□自分の存在意義を感じよう。
40──□死を受けとめる死生観を持とう。
41──□「今までこうしてきた」にしがみつかない。
42──□好きな人ほど、しがみつかない。
43──□限定に、惑わされない。
44──□「信じてたのに、裏切られた」と言わない。
45──□白か黒かを、相手に求めない。
46──□全体を見よう。
47──□切りかえよう。
48──□半分は、譲ろう。
49──□まわりが動いていることに気づこう。
50──□見えないものを、感じよう。

51――□大切なものを、手放そう。
52――□目的のために、手段を変えよう。
53――□デメリットを、受け入れよう。
54――□「次は、こうしよう」と考えよう。
55――□今までより、今を手に入れよう。
56――□1つに集中しよう。
57――□本当にやりたいことだけを選ぼう。
58――□潔く、捨てる覚悟を持とう。
59――□2つ以上を求めない。
60――□髪型を変えよう。
61――□新しい正しいことを、手に入れよう。
62――□今あるものに、感謝しよう。
63――□今までの外側の運をつかもう。

●目次 contents

第2章 しがみつかない人に、人もお金も集まる。

第3章 捨てる覚悟を、決めよう。

第4章　変わらないことに、安心しない。

第5章 うまくいかないことも、引き受けよう。

第6章 しがみつくより、行動しよう。

第7章 未来の扉は自分で、開こう。

しがみつく人は、今を手に入れられない。

エピローグ

しがみつかない大人になる63の方法

「執着」から、解放されよう。

中谷彰宏

第1章

しがみついている自分に、気づこう。

しがみつかないことが、自立するということだ。自立している人でないと、つきあうことはできない。

恋愛でうまくいかない人は、「自立していない人」です。

自立している人間同士がつきあうことで、恋愛ができます。

一緒に仕事もできるのです。

どちらかがどちらかにもたれかかる形では、恋愛も仕事もうまくいきません。

恋愛でうまくいかない人は、相手にしがみつこうとします。

しがみつかれる側は、重苦しいので逃げます。

逃げるから、ますますしがみつこうとします。

負のスパイラルへ入っていくのです。

仕事や恋愛がうまくいかないのは、「しがみついている」という意識が負のスパイラルを生んでいるからです。

負のスパイラルを抜け出して正のスパイラルに変わるためには、まず、自分がしがみついているものから手を放すことです。

これが自立するということです。

しがみついている人は、しがみついているものから手を放すと生きていけなくなると思っています。

しがみつき続けることによって、逆に生きていけなくなるのです。

「会社を辞《や》めたい、辞めたい」と、グズグズ言っている人がしんどいのは、仕事や上司、お客様が気に入らないくせに会社にしがみついているからです。

気に入られなければ、辞めればいいだけです。

お客様や上司がしがみついているのではありません。

自分がイヤな人にしがみついているのです。

「離婚したい、したい」と言いながら、離婚しない人も同じです。

人間関係は、人生において大きな悩みの1つです。
何かにしがみつき、もたれかかり、依存《いぞん》する人は、自立していません。
自立していないから、人とつきあうことができないのです。
すぐに「じゃあ、どうすればいいんですか」と聞く人は、自立していません。
人間関係は、誰かに助けてもらうことではうまくいきません。
まずは、自分のしがみつきを放棄《ほうき》することで自立します。
そこから人間関係が始まるのです。

02 自立して、つきあおう。

●しがみつかない大人になる方法

しがみつく人は、他人に責任を押しつけている。

しがみつく人は、自己責任を持てません。

上司のせいにします。

会社のせい、家族のせい、奥さんのせい、子どものせいと、常に誰かのせいにします。

「私は悪くない」と思っているのです。

「集中力がなくて、すぐにクヨクヨします。どうしたらいいでしょう」という相談がありました。

「まず、家でものを捨てよう」とアドバイスすると、「わかりました。じゃ、紙を捨てます」と言うのです。

紙は、そもそも要《い》らないものです。

「よし、やろう」と、ヒザを打つほどの話ではありません。

「ほかにないの？」と聞くと、「わかりました。じゃ、ＴＶを見ないようにします」と言うのです。

それは捨てていません。

この踏《ふ》ん切りの悪さがあるのです。

「ＴＶを捨てたら？」と言うと、後から「家族に反対されたので、ＴＶは捨てられませんでした」というメールが来ます。

本人は反対されることで、ほっとしています。

「私は捨てようと言ったんですけど、家族に反対されたから捨てられないんです」と言うのは、反対されることで安心しているのです。

会社を辞める時も、「辞めない方がいいと言われたので」とか「家族に反対されたので」と言っています。


反対してくれる人を探して相談しているのです。

それでいて、「辞めたいのに仕方がないな」と言うのです。
これがしがみつく人です。
「人にしがみつかされている」というのが、しがみついている人の言いわけです。
それは責任転嫁《てんか》です。
まず、自分がしがみついていることを認めることが大切なのです。

●しがみつかない大人になる方法

03 反対されることで、安心しない。

しがみつく人は、思い出を形で残そうとする。

一番捨てにくいものは、思い出です。

「家の中で今使っているものと使っていないものを分けました。いつか使うと思っているものは捨てます。まだ壊れていないけど、今使っていないものは捨てます」と言いながら、最後に捨てられないのが思い出の品です。

思い出を残すと言っても、死んだペットを剥製《はくせい》にして残すのは怖いです。

究極、親が亡くなったら剥製にするのかということです。

それは別に要りません。

思い出は心にあるからです。

しがみつく人は、形にしがみつきます。

講演会に行くと、「すみません、写真を撮ってください」と言って、Vサインで写真を撮ります。

「SNSにあげていいですか」と言って、SNSにあげます。

「ブログに書いていいですか」と言って、ブログに書きます。

その人は形に残したいだけです。

その後は、なんの連絡もありません。

その人と何か一緒にするという話もありません。

その人にとっては、SNSに載せることが大切で、友達になりたいわけではないのです。

友達になった人は、SNSにはあげません。

実際、親しい人ほど一緒に撮っている写真は少ないのです。

撮る必要がないからです。

「○○さんと写っている写真はないですか」と言われて探しても、親友との写真は見つかりません。

持っている写真は、あまり親しくなくて、「これ誰だっけ？」という人ばかりです。

誰かよくわからない写真だけが残っているのです。

旅行に行った時も、旅行先の写真を撮るよりは、心に焼きつけることが大切です。

写真を撮ってブログにあげる人は、景色を見ていないし、旅行に浸《ひた》っていないのです。

美術館や劇場でも、パブリシティーのために写真を撮ってもいいコーナーができました。

ブロードウェーでも、アンコールの間は写真を撮っていいのです。

アンコールの写真を撮りに行く人は、作品自体は見ていません。

「ニューヨークでブロードウェーを見た」という形だけを残しているのです。

04

●しがみつかない大人になる方法

思い出の剥製を残さない。

思い出にしがみつく人は、新しい思い出はつくれない。

ＳＮＳで形を残すツールがたくさんできたことによって、心に残すことがだんだんなくなってきました。

写真をたくさん撮っても、自分では見ないのです。

それは人に見てもらうための写真です。

本も、そんなにたくさんとっておくことはないのです。

私は、自分の本も捨ててもらってかまいません。

読みたくなったら、また買えばいいからです。

本は、手放す時に一番真剣に読みます。

「とっておこう」と思うと、１００万年読まないのです。

わかりやすいのは写真集です。

私は子どものころ、本屋で見つけた写真集を念写のごとく目に焼きつけて帰りました。

あの集中力は凄《すご》いです。

とっておこうとすると、結局は見なくなります。

これがライブラリーのデメリットです。

大人になって、なんでも買えるようになると危ないのです。

思い出は剥製として残すものではありません。

思い出にしがみつかないで、新しい思い出を日々つくっていけばいいのです。

目の前にミッキーがいたら、ミッキーの写真を残すのではなく、ナマミッキーを見ておきます。

写真を撮ってSNSにあげる作業に集中している人は、目の前を見ないで、うつむいて黙々《もくもく》と作業しています。

相手がその作業を待っているのは、おかしいのです。

「ナマ」を優先することが大切です。

しがみついている人は、「ナマ」を手に入れることができません。

SNSが、1つの有効なしがみつきグッズになってしまっているのです。

●しがみつかない大人になる方法

05 新しい思い出をつくろう。

しがみつく人は、他者承認にしがみつく。

しがみつく人は、「かまってちゃん」です。
しがみつく人の特徴は、遅刻が多いことです。
遅刻が多いかどうかは、しがみつく人間かどうかを見きわめる基準です。
遅刻が多いのは、「待ってもらう」という心理から来ています。
ほかの人の評価にしがみついていくという状態です。
人間関係を「他者承認」という基準に置いているのです。
上司と部下の関係は「他者承認」です。
師匠と弟子の関係は「成長」です。
成長だから、言いわけはしません。

師匠に対してリスペクトがあるので、待たせることもありません。

上司を待たせるのは、自分を待ってくれるかどうかで、上司が自分をかわいがってくれているかどうかを確認したいからです。

「ダメじゃないか」と叱られると、うれしくて、ますます遅刻を繰り返します。

これが「かまってちゃん」の特徴です。

飲み会でも合コンでも、遅れて来る人はいつも同じです。

これも他者承認です。みんなと同時に来ると目立ちません。

自分が目立つために、最後に遅れて来て、「ゴメーン」と言ってかわい子ぶるという作戦をとるのです。

これでなんとかなっていると思っていることが、その人の幼児性です。

「かまってちゃん」がなりたい仕事は、インストラクターです。

「インストラクターになりたいんです」と言うので、「何の?」と聞くと、「何がいいでしょうね」と言うのです。

興味のある分野があるわけではありません。インストラクターになると、みんなから「先生、先生」と言われて他者承認を得られるからです。

「かまってちゃん」は、習いごとに行っても言いわけをします。

ダンスを習いに来ても、「なぜこれができなかったかというと」という言いわけが始まります。

そんな言いわけは、要りません。

「できないから習いに来ている」、それだけでいいのです。

言いわけをするのは、「できなかったら嫌われるんじゃないか」と思っているからです。

どこに行っても、会社の論理で生きているのです。

「かまってちゃん」は、「この資格を取れば、あなたもコーチングができる」とか「これであなたも資格が取れる」という詐欺《さぎ》にかかるのです。

06

●しがみつかない大人になる方法

「かまってちゃん」にならない。

しがみつく人は、人を信じていない。信じるとは、ゆだねることだ。

ボールルームダンスは、2人で踊ります。
相手にゆだねないとできないのです。
自分1人で立とうとすると、バランスが崩《くず》れます。
相手が支えてくれる力で成り立っているのです。
自分で立とうとされると、1人で起き上がってしまって、支えられなくなります。
どんなに自分が背中の方へ倒れていっても、相手が支えてくれます。
ゆだねてくれるから力の拮抗《きっこう》が生まれて、バランスがとれるのです。
しがみつくのは、相手を信じることができないからです。
持っているものを取られまいと、グッと握りしめているのと同じです。

自己肯定感とは、他者承認を求めないことです。

こっそり努力して、ひと手間かけても、誰も見ていません。

誰も見ていないことができるのは、神様を信じているからです。

私の母親は、よく「神様が見てはんで」と言っていました。

子ども心にも怖いので、私は手を抜かないでちゃんとしようと心がけました。

「神様に見られている」と思うから、またひと手間かけられるのです。

神様が見ていることに気づかない人は、飛行機の中でＣＡさんが見ていない時は、おばあさんの荷物を棚に載せません。

載せる時は、ＣＡさんの方をチラッと見て、アイコンタクトしながら載せています。

この行為自体がイヤらしいです。

この人にとっては、見ているかどうかが大きいのです。

誰も見ていない時は、「どうせ誰も見ていないし」と、平気で悪いことをします。

むしろ「しないと損」と思っています。

「神様が見てくれている」と思うことが、信じることであり、ゆだねることです。

しがみつく人は、人に見られていないと、ズルを始めたり、ウソをつきます。
自分がウソをついていると、人を信じることができなくなります。
究極は、ウソをついている自分自身を信じられなくなります。
これがウソをつくことのマイナスです。
これが「しがみつく」という現象なのです。

07

●しがみつかない大人になる方法

信じて、ゆだねよう。

しがみつく人は、「大親友」と「絶交」の間がない。

しがみつく人には、大親友と絶交の2つしかありません。

人間関係が極端なのです。

しがみつかない人は、つかず離れずの状態でいます。

この関係が一番長く続くのです。

人間関係で本当の仲よしは、水魚《すいぎょ》の交わりで、意識をすることがありません。

しばらく会っていなくても、「なんで連絡ないの？」とは言いません。

メールをしても、「開封したの？　してないの？」「なんで返事がないの？」と、いちいち言いません。

これが親しい関係です。

1年ぶりに会っても、昨日別れたばかりのような話ができるし、毎日会っていてもいいというように、距離感が伸び縮みします。

安藤忠雄さんが、「施主さんと建築家がケンカしないコツは、つかず離れずの関係でいること」とおっしゃっていました。

仲よくなりすぎると、ケンカするのです。

仲よくなった方が仕事がうまくいくというわけではありません。

つかず離れずのいい距離感でいられる方がうまくいくのです。

上司と部下、恋人同士、夫婦、サービスする側とお客様という関係でも同じです。

たとえば、ビジネススクールで生徒と仲よくなり、授業が終わってから懇親会に行く先生がいます。

最終的に、その先生は辞めます。

生徒との関係性がわずらわしくなるからです。

先生はサービスで懇親会に行きます。

そのうちに、自分がしんどくなるのです。

懇親会という名の、ただの飲み会になってしまうのです。

そこに何のリスペクトもないことに、早く気づく必要があります。

授業中に質問しない人間が懇親会で質問をし始めると、授業中に質問がなくなります。

やがては、参加する生徒が授業の最後に出席するようになり、懇親会がメインになります。その状況に陥ると、先生が辞めるのです。

これは、生徒との距離が近づきすぎたからです。

いい先生を目指そうとした結果です。

「先生、冷たい。懇親会に一度も出ない」という関係でいると、生徒は授業にもっと集中できます。

かまってちゃんタイプでしがみつく人は、授業中に質問しません。

授業が終わってから、「1ついいですか」と質問します。

それによって、自分のことを覚えてもらいたいのです。

「私はみんなと違うから」という意識です。

セミナーでも、必ず遅れて来ます。遅れて来ると目立つからです。

いつも同じ人が遅れて来ます。

かまってちゃんは、遅れて来ているのに、「質問いいですか」と手を挙げます。

授業を最初から聞いていないので、わからないことがあるのは当たり前です。

ただし、質問の中身は何もありません。

単に、「私はここにいます」と、自分を印象づけるための質問です。

「先生にこう教わったんですけど、こういうことでよろしかったでしょうか」と言うのは、質問ではありません。

かまってちゃんは、本当に聞きたいことがあって質問するわけではないのです。

● しがみつかない大人になる方法

08
つかず離れずの距離を持とう。

しがみつく人は、「なぜそうなったか」の過去の話が好き。

身の上相談が大好きなタイプは、友達が結婚するという話には反応を示しません。

テンションが上がるのは、「離婚することになった」という話の時です。

「今度、Aさんが別れることになったらしいから、みんなで集まろう」と、友達に声をかけます。

集まって励《はげ》まそうという口実です。

にもかかわらず、「そもそもなんで別れることになったの?」と質問します。

これでごはんが3杯進むわけです。

しがみつくタイプは、過去にしがみついて、後ろへ後ろへ話を戻すのが好きです。

「チクショー、玉の輿《こし》の結婚をしやがって」と思っていた友達が「別れた」と言った瞬間、満面の笑みをかみ殺して「それは気の毒ね。だから言ったでしょう」と残念そうに言いながら、内心はざまあみろという感じです。

常に「なんでそうなったの？」という話が好きなのです。

その人が今後どうしていくかにはまったく興味ありません。

「今後どうしていくか」という話は、友達が自分のそばからまた離れていくことだからです。

それに対して「なんでそうなったか」は、友達が自分の手元にいることになります。

講演で、「しがみつく人は、なんでしがみつくんでしょうね」と聞かれました。

私は、「そんなことは、どうだっていいね」と答えました。

必要なことは、しがみつかないようにするにはどうしたらいいかです。

しがみつくようになった原因を考えても、しがみつかないようにはなれません。

本に書いてあることは、

① なぜそうなったか

② どうしたらそれを解決できるか

の2通りしかありません。

しがみつかない人は、常に「どうしたらそれを解決できるか」を考えます。

「なぜそうなったか」は、人それぞれなので究明しません。

起こってしまったことに対しては、次にどうするかを考えるのが最優先です。

これがアドバイスと身の上相談の違いです。

身の上相談はアドバイスができません。

「じゃ、どうしたらいいか」「これからどうしていこうか」という具体的な作戦が思いつかないのです。

「なんでそうなったの?」と、話を抽象化していくのが好きだからです。

自分の理想のパターンがあるのです。

その究極は、トラウマです。

トラウマ話は面白いのです。

TVドラマにトラウマ物のストーリーが多いのはそのためです。

身の上相談が好きな人は、「それは何かトラウマあるでしょう」と、友達の体験を自

分の好きなドラマに持っていきたいのです。

一方で、今ここから解決していくというリアルドキュメンタリーは嫌いです。

しがみつく人につきあっていると、「そうか、トラウマが原因か」と、妙に納得してしまいます。

それを防ぐためには、しがみつく人とかかわらないことです。

しがみつかない人になるためには、原因話よりも解決策を考えていくことが大切なのです。

●しがみつかない大人になる方法

09 原因話より、解決策を考えよう。

新しいことをする時、反対するのが、しがみつく人だ。

会社で何か新しいことをしようとすると、反対するチームと賛成するチームがあります。

「今度、会社の引っ越しをしよう」「席替えしよう」と提案した時、「エーッ」と反対するチームは、しがみつくタイプです。

人間は、

① **今の状態を維持《いじ》したい人**

② **新しい何かをしたい人**

の2通りに分かれます。

仕事とは、すべて改善です。

あらゆる物事は、維持と改善しかありません。

「改善」の反対は「維持」です。

維持は、仕事ではありません。

放っておいた状態でも維持はできるからです。

その人がいるおかげで何かが変わっていくということが仕事です。

改善してお給料をもらっているのです。

維持をしてもお給料はもらえません。

維持は、会社にとってはマイナスでしかないからです。

何か新しいことを始めようとした時、今にしがみつく人はリスクをたくさん並べます。

それによって、実行しないという結論に持っていきたいのです。

新しいことは、リスクがあるのはわかっています。

しがみつかない人は、どうしたらそのリスクを小さくすることができるかという解決策を出すことで、実行する方向へ持っていきます。

それ以前に、「今後、こんなことをしない？」と言った時に、ワクワクしてくれるかどうかという反応でも差がつきます。

「めんどくさいな」という反応を示すのは、しがみつくタイプです。

自分自身がしがみつくタイプかどうかは、新しいことをする時にワクワクしているか、めんどくさいと感じているかで見きわめられます。

チームの中では、何か新しいことを提案することによって、しがみついているタイプが浮かび上がります。

だからこそ、常に新しいことをしていくことが大切なのです。

●しがみつかない大人になる方法

10 反対する人を、浮かび上がらせよう。

第2章

しがみつかない人に、人もお金も集まる。

お金にしがみつかない人に、お金が集まり、お金にしがみつく人から、お金が逃げていく。

「お金で苦労するか、お金でうまくいくか」は、「お金にしがみついているか、どうか」で分かれます。

お金持ちは、すでにお金を持っています。

お金にしがみつく必要がないから、ますます儲《もう》かります。

お金のない人は、お金がないと困るから、お金にしがみつきます。

お金のない人は、「お金、お金」と言っているから、相手からは引かれて、ますますお金が儲からないという負のスパイラルに入っていくのです。

お金のある人に、お金が集まります。

お金のない人に、お金は集まらないのではありません。
お金にしがみつく人は、お金が集まらないのです。
お金持ちが何か悪いことをしているわけではありません。
しがみつかない人には、人もお金も集まってきます。
しがみつく人からは、人もお金も逃げていきます。
この構図が成り立っているのです。

●しがみつかない大人になる方法

11 お金に、しがみつかない。

今の利益にしがみつく人は、今の利益もなくしてしまう。

仕事は、仲間と一緒に作業をするところから始まります。

自分の利益を確保しようとすると、大切な仲間は離れていきます。

まず仲間に利益を渡して、最後に残った分を自分の利益にすることです。

お客様との対応も、まず自分の利益を確保してからお客様の利益を考えているような人から買う人は、誰もいないのです。

何か新しい商売を始める時は、自分からお金を出すようにします。

お金を出すということは、お金を手放すということです。

たとえば、新商品を出す時は、社内で反対が起こります。

「そんなことをしたら、今までの商品が売れなくなる」と言われるのです。

今までの利益にしがみついていると、新しい利益は入ってきません。

新しい利益を生み出すためには、チャレンジが必要です。

そのためにいったん給料を下げようとすると、「エッ、なんで？　自分の給料が下がるなら新しいビジネスなんかやらなくていい」と言い出す社員が出てきます。

会社からすると、しがみつく社員自体が要らないのです。

結果、その社員はクビになります。

会社には景気がいい時も悪い時もあります。

本来は、景気によって社員の給料が上がったり下がったりするのは当たり前です。

不思議なことに、社員は一定の給料は当然もらえるものだと思い込んでいます。

先取り式で、儲かろうが儲かるまいが関係ないのです。

経営者からすると、とんでもない話です。

ここに社長と社員との間に意識のズレがあるのです。

まず自分の利益を確保しようとする人は、今の利益にしがみついています。

これがお金の苦労をする人です。

まずは、今すでに持っている利益にしがみつかないことが大切なのです。

●しがみつかない大人になる方法

12 今の利益に、しがみつかない。

わらしべ長者は、比較をしない。

利益には、お金の利益のほかに、今持っている利権の利益もあります。

「しがみつき」の逆をした人は、「わらしべ長者」です。

交換できるのは、比較しないからです。

わらしべ長者は、「これと交換してください」と言われたら、「いいですよ」と言って交換します。

「これは私の利権だから交換しません」と言い始めたら、わらしべ長者にはなれません。

「わらしべ長者」はいても、「しがみつき長者」はいないのです。

しがみつく人が交換できないのは、交換すると損だと思っているからです。

相手のことも信用できないので、とりあえず、自分にメリットがあるかどうかを比較しようとします。

ただし、比較では何もわかりません。

目の前にあるタネが『ジャックと豆の木』のように大きく伸びるかどうかはわかりません。

ここにある柿のタネが、柿の木になるかどうかはわからないのです。

比較をしようとすると、結局は「やめる」という結論になります。

わらしべ長者の凄いところは、比較をしないことです。

一見、損に思える交換でも、引き受けています。

これが「今の利益にしがみつかない」ということです。

次に来るものが今よりいいものかどうかは、今の段階で判断できないのです。

●しがみつかない大人になる方法

13 交換しよう。

しがみつく人が、詐欺にかかる。

すべてのことに、メリットとデメリットがあります。

メリットだけを探す人は、詐欺にかかります。

「ノーリスク・ハイリターンのものがやっとありました」と言う時点で、詐欺にかかっています。

「メールが来たんですよ」とか「ネットで見つけました」とか言いますが、それは詐欺です。

「詐欺にかかるよ」とアドバイスすると、口では「わかりました」と言いますが、すでに詐欺にかかっているのです。

詐欺師が一番おいしいのが、しがみつくタイプです。

詐欺師は、しがみつくタイプかどうかを見抜く力に長《た》けています。

たとえば、しがみつくタイプの人が詐欺にひっかかりました。

別の詐欺師が「損を取り返してあげる」と言って、その人に寄っていきます。

今までに損したお金を取り返すことにしがみついている人は、その詐欺師に「裁判をするのに弁護士さんをみんなでお金を出し合って雇うので、登録料20万円をお願いします」と言われて、つい払ってしまうのです。

しがみつく人は、学習しません。

学習するには、前の考え方を手放さないといけないからです。

しがみつくか、学習するかのどちらかです。

詐欺にひっかかっても、「そうか。こういう詐欺なんだな。うまくできているな」と思うのは学習です。

「チクショー、なんとか取り返したい」と思うのは、しがみついています。

そういう人は、また詐欺にかかります。

最初の詐欺と「取り返してあげる」と言う人は同業者です。

ギャンブルで負ける人がいます。

その中で、大損する人としない人とがいます。

ギャンブルで負けた時に、「こういうのは勝てないな。向こうはプロだし、お金をいっぱい持っているから勝つんだよね」と思うのが学習です。

「損を取り返したい」と思った人は、損したお金にしがみついています。

これが大損につながります。

ギャンブルは、いったんは儲かります。

最初の1万円が100万円になって、やがて、その100万円がもとの1万円に戻ります。

しがみつく人は、「100万円」の幻影にしがみついています。

そもそも最初は1万円です。

プラマイゼロに戻っただけです。

ここで「楽しんだな」で終わればいいのです。

「チクショー、100万円とられた」としがみつく人には、「惜しかったですね。今日はついているから、なんだったらお貸ししましょうか」と言う人があらわれます。
その人から借りて、最終的に大損します。
悪いのは貸す人間ではなく、しがみついている人間なのです。

●しがみつかない大人になる方法

14 絶頂期と比較しない。

お金にしがみつく人が、お金で苦労する。不安は、しがみつくことで、生まれる。

しがみつくことは、受け身です。

手放すことは、能動です。

たとえば、お金を払う時に「〇〇円とられた」と言う人います。

それは、とられたのではありません。

お金を手放して、学びを得ているのです。

「〇〇円とられた」というのは、しがみついている人の考え方です。

「どうしたらとられないか」という発想が、「まけて」とか「値切る」というしがみつく行為になっていきます。

お金を持つことで生まれる不安は、しがみつくことによって生まれます。

お金にしがみつく人は、お金で苦労します。

恋人にしがみつく人は、恋愛で苦労します。

「去る者は追わず」という人は、苦労しません。

「どうぞ」という能動になるからです。


お金で苦労する人は、詐欺のリストに入ります。

1回詐欺に遭《あ》うと、自己破産までは、アッという間です。

「そのうち自己破産するよ」と言うと、「いやあ、怖いですねえ」と言いながら、その人の頭の中の「そのうち」は10年後です。実際は数カ月です。

しがみつく人は、ラクになりたくて、みずから自己破産したがります。

しかも、貯金は残っています。

貯金を残して自己破産しても、結局は差し押さえられます。

貯金200万円で自己破産する人もいます。

しがみついている人は、とにかくコツコツ借金を返していくのがイヤなのです。

何か損している感があるからです。

借金を返す作業は損ではありません。借りたものを返しているだけです。

それを「損」と考える人は、「先に借りた」という感覚がなくなっています。

会社員は、「給料をもらっている」ではなく、「会社から搾取《さくしゅ》されている」と考えがちです。

「自分はこんなに働いているのに、こんな給料しかもらっていない。社長に搾取されている」と思うのです。

そういう人は、飲み会に行っても「幹事に搾取されている」と考えます。

幹事はお金を払っていないと思っているのです。

逆です。飲み会では、誰か支払いをとぼけている人がいます。

幹事は、足りない分を自腹を切って払っているのです。

15 ●しがみつかない大人になる方法
今あるお金にしがみつかない。

しがみつく人は、増やすのは好きだけど、減らすのは嫌い。

「スタッフを増やしてください」と言うのは簡単です。

増やすことには、なんのストレスもありません。

「倉庫をもう1つ借りましょう」

「もうひと部屋借りませんか」

こうして、どんどん固定費が膨《ふく》らんでいきます。

しがみつく人は、減らすのが嫌いです。

「誰か1人減らしてください」と言われると、「なんで私がそんな悪役をしないといけないの」と言うのです。


本当のリーダーは、社員を増やせる人ではなく、社員を減らせる人です。

辞めてほしい人に「辞めてください」と言えないのは、自分がいい人でいたいからです。

自分の好感度にしがみつくことによって、チームは全滅します。

たとえば、30人乗りの船に31人乗ったら沈みます。

ここで「あなた降りてください」と言う係が、リーダーの仕事です。

嫌われたくなくて、「いいよ、いいよ。1人ぐらい」と言うことで全滅するのです。

会社の経営を広げていくことは、もちろん大切です。

ただし、ただ広げるだけでは固定費ばかりが大きくなります。

会社がつぶれる原因は、売上げ減ではなく、固定費の増加です。

部下の要望に、いいカッコして「いいよ、いいよ」と言うことで、売上げは大きくても固定費倒産が起こります。

「ここ、ヤバいな」ということは、税理士さんが一番わかっています。

売上げには増減があります。

固定費が上がっていくのは、リーダーがいいカッコにしがみついているからです。

唯一の解決策は、リーダーが「これを減らそう」と言うことです。
「これはムダだからやめていいですか」と言える社員がいる会社は伸びていきます。
「何かを減らす」という企業文化を持つことが大切です。
船は1人当たりの持ち込みの重さに制限があります。
2000人乗りの船では、1人1キロ増えただけで2トン増えることになります。
それだけで燃料の量も大きく変わります。
これは会社の経営とまったく同じことなのです。

●しがみつかない大人になる方法

16 減らそう。

「今まで」にしがみつかない人が、転職して成功する。

ある一定の年齢以上の人の転職は、なかなかうまくいきません。

今までの仕事・役職・給料などにしがみつくからです。

そのため、転職は35歳で切られることが多いのです。

35歳までなら、前の会社の習慣を変えられます。

35歳を過ぎると、それが難しくなるのです。

たとえば、ホテル業界は人間の異動が激しいのです。

それぞれのホテルに、それぞれのサービスのポリシーがあります。

「前のホテルでマネジャーをしていて、ずっとこういうふうにやっていました」と言う人は、転職してもうまくいきません。

一流ホテルにいた人ほど、めんどくさいことになるのです。

転職して成功する人は、前のやり方にしがみつかない人です。

前にどんなところにいても、すぐに新しいやり方を取り入れます。

「給料は下がってもいいです」と言う人は、雇う側も雇いやすいし、使いやすいのです。

最も使えないのは、大企業で役職があって、給料をたくさんもらっていた人です。

肩書きだけで、何もしていないのです。

前の会社も、辞めてもらって大喜びです。

「困るなあ。辞めちゃうのかあ」と言いながら、人事部はガッツポーズです。

引きとめもありません。

次の会社に行って使えない人は、前の会社でも使えなかった人です。

転職でなかなか面接が通らない人は、実は転職する前から社内で価値がなかったのです。

「今、会社をクビになったら、よそで働けない」と言う人は、今の会社でも働けません。

これが「しがみつく」ということです。

しがみつかない人は、感謝します。

「今までお世話になりました。いろいろ教えていただき、給料もいただいてありがとうございました。頑張ります」と言う人は、次のところに行っても、やっぱり使えるのです。

雇う側の人間は、それがわかります。

雇われる側の人間は、なかなかわかりません。

今の会社で利益を生み出せる人は、どこへ行っても利益を生み出せます。

転職先で利益を生み出せない人は、今の会社でも利益を生み出していないのです。

●しがみつかない大人になる方法

17 会社に、利益を出そう。

今一生懸命な人は、夢の話に逃げない。

「いつか、○○をやりたいんです」という夢の話が好きな人がいます。

「今は仮の姿で、編集者の仕事なんか一生の仕事じゃないですよ。とりあえずここで夢の準備としてやっているだけです」と言うのです。

一方で、「ちょっと本を書きたいんです。中谷さんみたいに」と言う人もいます。

「みたいに」という言葉が、少しリスペクトがない感じがします。

「ちょっと書きたい」と言う時点で、すでにリスペクトがないのです。

その人は本を書きたいのではありません。

「今している仕事が、今ひとつパッとしない」と言っているだけです。

面接で「わが社を受けた理由は？」と聞かれて、「今やっている仕事がパッとしないので」と答える人は、転職もできません。

正直に「今やっている仕事がパッとしないので」とは言えないので、「出版の仕事とかも、ちょっとやってみたい。どんなのか見てみたい」と言うのです。

習いごとでも、「どんなことをするのか、ちょっと見てみたいと思ったから」と言う人が来ます。

その人は、人に何かを教わる奇跡に気づいていないのです。

ネットで動画を見るぐらいの感覚です。

「ダンスを習ってみたいので、手ごろな先生がいたら紹介してください。ちょっと見てみたい」と言う人もいます。

これは今の否定です。

今の仕事がいまひとつパッとしないから、ほかの仕事を探しまわっているのです。

「今の否定」をすることは、「今の自分を否定」することです。

どこまで行っても自分の否定になるのです。

未来のことを語る時も、未来にしがみついていきます。

携帯ショップで働いている男性が、「将来はこういうことをやりたい」と、夢を語りました。

「実現には、まず何をすればいいですか」と聞かれたので、「今の店で売上げトップになれ」とアドバイスしました。

そうしたら、「こんな仕事、したくてしているんじゃないんです」と言うのです。

それを言った時点で、この男性には誰も協力しなくなります。

恋愛で、「いい女とつきあいたいけど、今は仮に君とつきあっている」と言う人は、相手にもそう思われています。

ほかの未来にしがみつくことは、結果、自分を手放すことになるのです。

●しがみつかない大人になる方法

18 今を、つかもう。

第3章

捨てる覚悟を、決めよう。

しがみつく人は、「生き方のゴミ屋敷」になっている。

しがみつく人のまわりには、要らないものが多いのです。

家はゴミ屋敷です。

とにかくものが多いのです。

カバンの中も部屋の中もパンパンです。

常に「部屋が狭くなったから、もっと広いところに引っ越さないと」と言っています。

ＴＶショッピングでも、収納グッズばかり買っています。

家は収納ボックスだらけで、自分の住むところがなくなります。

それでまた広いところに引っ越すという負のスパイラルに入っていくのです。

ものが増えているだけなら、まだいいのです。

最悪なのは、「生き方のゴミ屋敷」です。

人生の中に、要らないものをたくさん抱《かか》えているのです。

ゴミ屋敷に住んでいる人は、「要らないものは捨てればいいのに」と言うと、「全部要るんです」と言います。

これはウソではありません。

本人の中では、「いつか要るもの」「いつか使うもの」「まだ使えるもの」です。

それはすべて、本人にとっては正解です。

「正解のものだけ残しましょう」と言うと、結果、ゴミ屋敷になるのです。

19

要らないものを、抱えない。

●しがみつかない大人になる方法

多様な価値観の中で、選択する。正解も捨てる。

小学校のテストは、4つのうち3つが間違っていて、1つが正解です。
その1つを選べばいいのです。
社会のテストは、「4つの正解の中から1つを選びなさい」というものです。
それは全部、正解です。間違いはないのです。
小学校には価値観が1個しかないので、正解は1個です。
社会には価値観がたくさんあります。
「サラリーマンと自営業のどちらが正解ですか」と言われても、どちらも正解です。
「赤と青はどちらがきれいですか」という質問自体、おかしいのです。
多様な価値観の中で、どれを選ぶかです。

東南アジアに行くと、「アイスカチャン」というかき氷があります。

レモン味・イチゴ味・メロン味のシロップで迷っていると、「全部かけましょうか」と言われます。

「あ、その手もあるんだ」と思います。

イメージとしては、レモン・イチゴ・メロンの3色に分けて、それぞれ味わうというイメージです。

ところが、全部上からかけるのです。

3原色なので、真っ黒になって、何の味かわからなくなります。

この状態が「生き方のゴミ屋敷」です。

どれか1個を選ぶことで、おいしくなるのです。

しがみつかない大人になる方法

20 正解の中から、1つを選ぼう。

棚卸《たなおろ》しより、捨てるものを決める。

結婚式の司会をした時に、ある人に「この肩書きを全部言ってください」と言われました。

パーティーで人を紹介する時は、肩書きが困り物です。

「全部言って」と言う人は、大体無名の人です。

誰もが知っている人は、プロフィールの紹介も肩書きも必要ありません。

「あなた誰？」という人ほど、よくわからない肩書きにこだわります。

「○○会の理事」とありますが、何の会だかわからないものです。

それを全部ゾロゾロ読んでくれと言われます。

しかも、「社団法人」が抜けたとか、そういうことまで細かく言ってきます。

これはすべて、しがみついています。
自分自身を見つけるために、人生の棚卸しは大切です。
棚卸しをしたものの中で、捨てるものを決めていきます。
棚卸しは、捨てるためにすることです。
棚卸しをして、またもとへ戻してどうするのかということなのです。

●しがみつかない大人になる方法

21 肩書きを、全部言わせない。

しがみつく人は、荷物が多い。

しがみつく人は、物理的にも荷物が多いのです。

荷物を減らす方法は、狭いところに引っ越すことです。

しがみつく人は、

「やっぱり広いところに引っ越さないと」

「大きめのクローゼットがないと」

「収納スペースがないと」

「トランクルームを利用した方がいいんじゃないか」

と、いろいろなことを言います。

それは最低な方法です。

トランクルームとか倉庫屋さんが流行《はや》っています。

いかにしがみつく人が多いかということです。

マンションは、広告に「ウォークイン・クローゼット」とつけるだけで売れます。

「ウォークイン・クローゼット」はありますが、「リビング」はないのです。

しがみつく人は、「ウォークイン・クローゼット」という言葉に弱いのです。「ウォークイン・クローゼットさえあれば、リビングは要らない」とさえ考えています。

たくさんものが置けるウォークイン・クローゼットに夢を抱いています。

リビングよりクローゼットを優先する人は、フローよりストックを優先しています。

これが、しがみつく生き方です。

大切なのは、所有（ストック）ではなく、活用すること（フロー）です。

所有に価値を見出して活用を犠牲にするのが、しがみついている人なのです。

●しがみつかない大人になる方法

22 収納上手にならない。

しがみつかない人は、会社に私物が少ない。

しがみつかない人は、会社に置く私物が少ないです。

会社に私物が増えてくる人は、しがみついている人です。

会社を家化しているのです。

家は、仕事の場ではありません。

私物を増やすと、くつろぐ場になってしまいます。

それで「スペースが狭い」と言うのです。

家からぬいぐるみを持ってきて「狭い」と言うのはおかしいです。

一番大きい引出しに全部お菓子を入れて、「スペースが小さい」と言うのは、ストレスのせいです。

私物を増やすことによって、ストレスを解消しようとすると、ますますストレスがかさばります。

さらに、書類を横に積み上げて壁をつくるタイプはとりで化現象が起こります。

わざわざ横にものを積み上げる必要はまったくありません。

机で巣づくりをして、「進撃の巨人」に出てくるようなとりでの状態にして隠れて仕事をするのは、しがみつき現象です。

机に何ものが置かれていないと、仕事をしていないように見られるという不安があるのです。

そのためにものをたくさん置いて、とりでの中に隠れてしまうのです。

職場で、まるでタワーマンションをつくるかのごとく、机の両側にものを積み上げる人がいます。

職場にしがみつかないようにするためには、私物をできるだけ持っていかないことが大切なのです。

23 会社に私物を持ち込まない。

場所を変えることで、鮮度が出る。

家の中でも、ものの場所を変えるだけで全然変わります。
流行っていないお店は、いつ行っても、ものの位置が変わりません。
置いてある商品は、いつ行っても同じです。
どんなにマネキンが古くても、場所を変えるだけで鮮度が変わります。
ものを入れかえるのではなく、場所を変えるだけでいいのです。
本屋さんは、年がら年じゅう、本の場所を変えています。
あれで鮮度が出るのです。
平積みにあった本が棚にあって、ここの棚にあると思った本がなくなっています。
お客様に「わかりにくい」と言われながらも、本の場所を変えている本屋さんが流行るのです。

活性化とは、ものの場所をどんどん変えていくことです。

家の中のたまった本が「積ん読」になるのは、動いていないからです。

たまに場所を変えることで、「オッ、ここにこんな本があったんだ」と、つい読んでしまうのです。

●しがみつかない大人になる方法

24 場所を変えよう。

クローゼットの服は、季節ごとに場所を変える。

オシャレな人は、夏と冬でクローゼットの中にある服の場所を変えています。

今のシーズンのものを手前に、オフシーズンのものを奥に変えるだけで、グルグルまわり始めます。

服をソファの上に堆積させていても動きません。

「たくさんあって置く場所ないんです」と言いながら、同じ服ばかり着ることになります。

地層の1番上と2番目を交換しているだけで、混ざっていないのです。

たくさんあるなら毎日違うものを着ればいいのに、2パターンを交互に着ているだけです。

「昨日と同じ服を着たら外泊したと思われるから」と言いますが、たかだか2パターンです。これはオシャレではありません。

いろいろな服を着ようと思うなら、夏と冬で入れかえるだけで、全然違います。

「大きいクローゼットがある広いところに引っ越したい」と言っている人ほど、同じ服を着ているのです。

しかも、シーズン遅れで、6月にコーデュロイを着ていたりします。

先取りではなく、常に遅れていくのです。

ファッションでしがみつく人は、

「時々、寒の戻りで、まだ寒い日がありますよね」

「クリーニングに出しちゃうと、寒い時に困りますよね」

と言いながら、どんどん引っ張って、汗をかきながらコーデュロイを着ています。

●しがみつかない大人になる方法

25 服の場所を入れかえよう。

しがみつかないコツは、今より小さいところに、引越しをすること。

狭いところに引っ越すと、ものを捨てざるをえなくなります。

結婚した人が一気に活性化するのは、結婚することによって自分の持ち分が半分になって、捨てざるをえないからです。

「捨てる」というより、捨てさせられたり、勝手に捨てられます。

パートナーに「これ要るの?」と言われたら、反論の余地はないのです。

男性で一番捨てられないのは、思い出のものです。

メモリアルなので、もう見ていません。

離婚した時も、パートナーにものを持っていかれて、ものが減ります。

引越しでものを出した時に、部屋がどんなに広かったかがわかります。

「明るっ、ここに窓あったんだ」と驚きます。

ものを置くと、窓がつぶれていきます。

ベランダが物置き場になって、洗濯機も使えなくなっています。

机が見つかって、探していたソファも発見されます。

「ご位牌《いはい》が見当たらないけど、どこに行ったかな」と思っていたら、服の下から出てくるという罰当《ばち》たりなことになるのです。

●しがみつかない大人になる方法

26 今より小さいところに、引っ越そう。

ものを減らす時は、6割減らす。

ものを6割減らすことは、シェアを変えるということです。
「3％減らします」「1割減らします」というどころではありません。
1割減らすより、6割減らす方が簡単です。
根本的に変わるからです。
そのコツは、「もうこれは要らない」と、大物を捨てることです。
そうすれば、「それが要らないならこれも要らない」と、どんどん変わっていきます。
これは、軸が変わるということです。
チビチビ減らしていると、リバウンドします。

ものが減っていくことは、考え方が変わるということなのです。

ものを減らすことによって考え方が変わることが目的です。

たとえば、iPhoneが小さくなっていくプロセスにおいて、スティーブ・ジョブズは、「iPhoneがここまで小さくなりました」という報告を聞いて、バキッと2つに折って、「この半分にして」と言いました。

根拠は何もありません。

「1割小さくして」なら、今までのやり方でなんとかなります。

半分となると、根本的に何かを変えなければなりません。

それによって、その人のステップがワンステージ上がります。

1割のレベルの調整では、すぐリバウンドしてしまいます。

ダイエットする時でも、根本的に何かを変えることが必要です。

その1つの方法は、つきあう人を変えることです。

自分のつきあう人間が変わると、価値観が変わります。

ライフスタイルも全部変わります。

つきあう人が、しがみつく人からしがみつかない人に変わっても、寂しさを感じないことです。

そこに寂しさを感じる人は、しがみつく人です。

「あの人に、もっとベタベタしてほしい」と言う人は、よっぽどしがみつく人間になっているのです。

しがみつかない大人になる方法

27 要らないものだけでなく、要るものを捨てよう。

捨てられないものは、自分より上にある。

どうしても捨てられないものは、自分よりそのものが主人になっているのです。

ものが主人で、自分が下だから捨てられないのです。

自分が主人で、ものが下なら捨てられます。

「捨てられないんですよ」と言っていると、いつかものに捨てられます。

それは自分が部下の状態だからです。

自分よりスマホが1番なら、スマホがご主人で、自分がスマホに使われるようになります。これが依存症です。

依存しているから上下関係が逆転してしまうのです。

スマホは本来、使いこなせば有効な道具です。

スマホが自分を使い始めるという状態に逆転するのが、しがみつくという現象です。

人生は自分自身のものです。

しがみつく人は、いつの間にか、人生に自分が使われていくようになります。

自分のために仕事があるのに、仕事が上になって自分が使われたり、自分のためにものがあるのに、ものが上になって、ものに自分が使われるようになるのです。

「クルマのバッテリーが上がらないように、クルマに乗らなくちゃ」という現象と同じです。

どんなに価値のあるものでも、自分がそれを持つ主人になることです。

価値があるものであればあるほど自分が下にまわってしまうと、「捨てないで」というしがみつき現象が起こります。

ものではなく、自分がイニシアチブを持つことで、人生は分かれていくのです。

●しがみつかない大人になる方法

28

ものの奴隷《どれい》にならない。

第4章

変わらないことに、安心しない。

しがみつく人は、席替えに抵抗する。

会社は、時間がたつと、毎日毎日よどんでいきます。

限りなく、とまろうとするのです。

経営者は、なんとか会社を動かしたいと考えています。

会社を動かす簡単な方法は、席替えです。

席替えをする時に、必ず抵抗する人が出てきます。

「めんどくさい。いいじゃない、ここで。みんなはしてよ。私はここでいいよ」と言うのです。

この人は会社にしがみついています。

仕事をしている人は、しがみつかない人です。

仕事をしていない人は、しがみついている人です。

席替えをする時に、
①「しよう、しよう」と言う人
②「変えなくていいじゃない。めんどくさい」と言う人
の2通りに分かれます。

仕事をしている人としていない人は、ここで見分けがつきます。

そうでもしないと、仕事をしている人と、していない人の見分けはつきません。

仕事をしていない人は、仕事をしているフリがうまいからです。

その人は、仕事をしているフリに全力をかけています。

「その情熱を仕事にかければいいのに」と言いたくなるぐらいです。

本人は、仕事をしているフリをしているうちに、いつの間にか本当に仕事をしている気分になっていきます。

「フリをしている」という罪悪感すら持たなくなるのです。

この典型が残業です。

残業している人は、仕事をしていない人が多いのです。

残業することで、まわりに仕事をしているフリを見せているうちに、自分も仕事をしている気分に浸ってしまいます。

自分が会社の活性化を妨げていることに気づかないのです。

経営者側からすると、席替えは仕事をしている社員と、していない社員を振り分ける「ふるい」です。

揺《ゆ》するだけでわかるのです。

全員が活性化していないわけではありません。

大切なのは、仕事をしている人と、していない人を見分けることです。

仕事をしていない人が1人いると、まわりに感染《かんせん》して、やがては全員が仕事をしなくなるからです。

経営者自身も、席替えを「ワーイ」と思えるか、「めんどくさいな」と思うかで、自分が仕事をしている人間かどうかがわかります。

仕事をしていない人間は、しがみつくことによって会社から捨てられます。

そんな人間は要らないのです。
私は学校で席替え係でした。
月に1回、席替えすると、クラスが活性化します。
少し席替えするだけで、まったく違う新鮮な感じになるのです。

●しがみつかない大人になる方法

29 定期的に、席替えをしよう。

「いつか」は、問題の先延ばし。その場しのぎは、過去にしがみついている。

「いつか私も本を書きたいんですよ」と言う人がいます。

「勝手に書いてください」と思います。

その「いつか」は、永遠に来ないのです。

「これやっといて」と言うと、「そのうちやっときます」と言う人もいます。

「近いうちにごはん食べましょう」も、すべてその場しのぎです。

その場しのぎは、今起こっている問題に集中しないで、過去にしがみついている状態です。

過去にしがみついているので、今起こっている問題を解決できないのです。

「いつか」「そのうち」「近いうち」は、すべて先延ばしです。

せっかく今ココに出会いがあってチャンスがあるのに、昨日までにしがみついている人は、「ちょっとスケジュールが入ってまして」と、断ってしまいます。

スケジュールを動かしてなんとかしようとは考えないのです。

チャンスは忙しい時に来ます。

即スケジュールを動かさないと、チャンスはつかめないのです。

●しがみつかない大人になる方法

30 「いつか」と先延ばししない。

まじめでいい人が、しがみつく。

しがみついている人は、悪い人ではありません。
まじめで、いい人です。
ここが難しいところです。
「まじめでいいこと」と「しがみつくこと」とは、まったく別の軸です。
まじめでいい人ほど、しがみつきやすいのです。
世間がつくり上げた「まじめでいい人」というイメージを壊したくないからです。
「あの人は失敗しないよね」と言われたら、きついです。
失敗できないからではなく、トライできなくなるからです。
新しいことに手を出さなければ、失敗しないで済みます。

「いい人」にしがみついて、チャレンジしないのです。

世の中の価値観には多様性があります。

「いい人」といっても、無限にあります。

1種類ではありません。

100人いたら、100人の「いい人」の定義があります。

狭い範囲の「いい人」のイメージにしがみついていると、新しい「いい人」の生き方を獲得できなくなるのです。

●しがみつかない大人になる方法

31 「いい人」であることに、しがみつかない。

「自分がいないと、部下は何もできない」と言う上司は、できないことを喜んでいる。

「部下は自分がいないと何もできない。言ったことはキチンとするけど、それ以上のことをしろと言ってもできない」と、文句を言っている上司が多いのです。

その上司は、「本当に、こいつらは、いつまでたってもオレがいないと」と言いながら、少し半笑いです。

本当は、できないことがうれしいのです。

しがみつく上司は、部下に頼られることで自分のアイデンティティーを確認しようとします。

過干渉の母親は、「この子はいつまでたっても子どもなんだから。早く自立してどこかに出て行ってほしい」と言いながら、社会で生きていけないように子どもをスポイルしています。

それと同じ現象が会社で起こっているのです。

「言ったことしかできない」と言いますが、言わないことをすると、「なに勝手にやってんだ。オレは聞いてない。ちゃんと報・連・相しろ」と言い始めます。

それでは部下が言われたことしかしないのも当然です。

それは上司のお望みの結末です。

上司が部下に頼られることを求め、部下は上司に頼り始めるという共依存が起こっているのです。

ダメ男とばかりつきあっている女性は、ダメ男をみずから選んでいます。

「自分がいないと、このダメな男は生きていけない」ということで、自分の存在意義を確認しようとするのです。

頼る側の人間よりも、頼られることによって愛を感じて、自分の存在意義を感じる人間の方が、共依存のより大きな原因です。

部下にしがみついている上司は、部下がダメであり続けることを求めて、部下の成長をとめようするのです。

先生と生徒の間にも、これがあります。

習いごとで、「教えていた生徒がやめてショックです。飼い犬に手を咬《か》まれました」と言う先生がいました。

生徒は、学んだから卒業しただけです。

または、その先生からはもう得るものはないと思って出て行ったのです。

しがみつく先生は、一生、自分の弟子《でし》が育たないことを望んでいます。

先生が生徒にしがみついているのです。

●しがみつかない大人になる方法

32 部下に頼られようとしない。

上司が、マニュアルを独占して自分がいないと仕事がまわらないことで安心する。

「オレがいないと仕事がまわらなくて、ウカウカ夏休みもとれないよ」と言う上司がいます。

原因は、情報をひとり占《じ》めして、共有していないことです。

カギのかかる引出しに全部しまって、流れをとめてしまっているのです。

その上司にとっては、自分がいなくても仕事がまわることは受け入れがたいことです。

これは、自分がいないと仕事がまわらないことで、自分の存在意義を確認しようとする発想です。

会社を辞める時も、自分が会社を辞めた後に仕事が行き詰まるように引き継ぎしないのです。

「ほらな。オレがいないと困るだろう」と思いたいからです。

それはイヤがらせです。

しがみつく人は、自分の存在意義を感じていないのです。

だからこそ、自分がいない時にうまくいかないことで、自分の存在意義を感じてもらおうとするのです。

まわりからすると、ただの引き継ぎの悪い迷惑な人です。

出版社は異動が激しいのです。

異動の時に引き継いでくれる人と引き継いでくれない人とに、大きく2つに分かれます。

後の担当が誰かわからない出版社もたくさんあります。

その出版社との関係は切れてしまいます。

「後任の者に決まりごとや仕事のやり方をすべて伝えてありますので」と言ってくれる人とは、つきあいが続きます。

引き継ぎをしない人は、新しいところに行っても何の連絡もありません。
「自分がいないことで困らせたい」という発想が、しがみつきなのです。

しがみつかない大人になる方法 33

引き継ぎをしよう。

しがみつく人は、相手に完璧を求める。

「うちの上司は最低なんですよ」と言う部下がいます。

上司が最低なのではありません。

自分が求めていたことを、上司がしてくれなかっただけです。

「うちの部下は本当にどうしようもない」と言う上司は、自分の理想の部下と比べて「できていない」と思っています。

部下が完璧なら、上司は大変です。

上司は部下に抜かれて、リスペクトされません。

完璧な部下は引き抜かれて、会社を辞めます。

「全部オレがやらなくちゃいけない」と、自分より仕事ができないから部下なのです。

給料も安くいてくれているのです。

「なんでできないんだ」と、文句を言う人は相手に完璧を求めています。

「お客様がないものねだりばかりする」と、ムッとする人がいます。

だからこそお客様は来てくれているのです。

お客様はすべてに満足したら来なくなります。

まわりの人に完璧を求めるのは、完璧に対してのしがみつきです。

しがみつかない人になるコツは、不完全に対して寛容さがない完璧主義に陥《おちい》らないことなのです。

●しがみつかない大人になる方法

34 上司にも、部下にも、完璧を求めない。

しがみつく人は、板書が書き取れない。

授業中に板書を目を細めながら必死に写している人は、しがみつくタイプです。

板書はゆっくり丁寧に書きません。

丁寧に書いていると、話のスピードを落ちるからです。

聞く人は、

① **話を聞いている人**

② **板書を写している人**

の2通りに分かれます。

両者は別人です。

板書を写している人は、先生の話を聞いていません。

先生は、話しながら字を書いています。

話を聞いていれば、板書の字がキチンと書かれていなくてもわかります。

話を聞かないで板書の字だけ見ている人は、サッと書かれると、何の崩し字なのかがわかりません。

板書を写すことに必死で、目を細めて解読しようとします。

板書を写している時点で、先生の話から遅れているのです。

今話していることと板書の内容は時差があります。

板書は少し前のことになるので、板書を写している人は顔の向きが1人だけ違います。

今は下手《しもて》で話しているのに、まだ上手《かみて》を見ているということが起こるのです。これが今に生きていない人です。

私が博報堂にいた時、会議で出た意見を上司は模造紙にたくさん書き込んでいました。会議が終わると、上司に「中谷、模造紙をA4に縮小コピーしておけ」と言われました。

模造紙をA4にコピーする機械や、ホワイトボードに書いたことが自動的にプリントアウトされる便利なシステムがない時代に、私はある方法を編《あ》み出しました。

地道にコピーしていくと100万年かかります。

後ろに行列はできるし、いつまでたってもコピー作業は終わりません。

そこで、模造紙の内容をそのまま書き写すことにしました。

会議中に写そうとすると、なんという字かわからなくなります。

写す時のコツは、話をよく聞くことです。

会議中は、ずっと話を聞いているのです。

話を聞いていれば、上司がどんなに崩して書いた字も、後で再現できます。

「コピーとってきました」と言って、書き写した用紙を上司に渡すと、「おまえ、これ、どうやってコピーとったんだ?」と言われました。

上司も、模造紙をA4に縮小コピーする方法を知らないのです。

私は、上司の書体をマネして、書き間違いも全部直して書いていました。

上司は、書き写してあることに気づきません。

私は、いまだに上司の書体が抜けません。

速く書くと上司の書体になります。

私のチームはみんな字がきれいでよかったです。

新人時代はみんな、模造紙からA４紙にコピーするように指示されたものです。

板書を写している人は、話をまったく聞かないで、過去にしがみついているのです。

時々、「すみません、明日行けないので、後でプリントでもらえますか」と言う人がいます。

誰かのノートを借りる人もいます。

授業の内容は、ノートを見ただけでわかる話ではありません。

紙に書いたものにしがみつくのではなく、ナマの話に集中することが大切なのです。

●しがみつかない大人になる方法

35 板書をするより、話を聞こう。

しがみつく人に巻き込まれると、自分もしがみつく人になる。

しがみついてくる人に巻き込まれると、自分もしがみつく人になってしまいます。

しがみつく人は疲れます。

講演でも、しがみついてくるタイプの人はいます。

会社と間違えて、上司と部下のような関係で承認を求めてくるタイプは、スルーします。

スルーしていくことで、疲れません。

たとえば、ＳＮＳで「地震で動物園のライオンが逃げたらしい。みんなに教えてあげてください」というメッセージを見ました。

これはスルーします。

「あなた、これはデマだからまわさない方がいいですよ」と、いちいちその人に直してあげる必要はまったくありません。

情報が飛び交う社会の中では、スルー力をつける必要があるのです。

すべての情報を拾う必要はありません。

今は情報があり余っています。

人間の数よりブログの数が多く、読む人より書く人の方が多い時代は、スルーする力が役立ちます。

その中で、スルーして自分がイヤな人になったらどうしようと心配する人は、詐欺師のカモになってしまうのです。

●しがみつかない大人になる方法

36 しがみつく人には、スルーしよう。

出入り禁止をつくる。

お店でも仕事でも、出入り禁止をつくらないと、しがみつくタイプの人が来てしまいます。

出入り禁止ルールをつくることで、しがみつかない人を守ることです。

「誰でもウエルカム」と言っていると、しがみつく人間に巻き込まれて、自分もしがみつく人間になってしまいます。

それと同時に、自分が、しがみつかない人の出入り禁止にならないことが大切です。

しがみつく人かどうかは、ひと目でわかります。

しがみつく人が来ると、まわりの人が最初に「おや？」と感じるのです。

「みんなに『おや？』と思われたな」と気づける人は、直るので出入り禁止になりません。出入り禁止になる人は、みんなが「おや？」と気づいていることにまったく気づきません。結果として、みんなに迷惑がかかることをして浮いてしまいます。

「しがみつく人間の集団」と、「しがみつかない人間の集団」があります。

自分がしがみつかない人間になりたいと思うなら、しがみつく人間を出入り禁止にして、スルーします。自分がしがみつかない人の集団から出入り禁止にならないようにしていく必要もあります。これがルールとマナーです。

ルールは、みんなが同じ楽しみを楽しめることです。

マナーは、みんなに不快感を与えないことです。

ルールとマナーは自分でつくります。

その上で、他者がつくったルールとマナーも守ることが大切なのです。

●しがみつかない大人になる方法

37 出入り禁止にならない。

第5章

うまくいかないことも、引き受けよう。

タクシーをほかの人にとられてムッとするのは、しがみついている人だ。

川上から急にあらわれたオバチャンにタクシーをとられてムッとする人は、しがみつくタイプです。

そのタクシーにしがみついているからです。

タクシーはみんなのものです。

自分のクルマではありません。

運転手のいる自分のリムジンでもありません。

タクシーが急に「回送」の表示を出してスッと通り過ぎた時に、「なんだ！」と怒る人がいます。

乗車拒否をしたタクシーに乗る必要はありません。

乗車拒否をされたら、「あ、よかった」と思えばいいのです。

手を挙げているのに、よそ見をして気づかないタクシーもいます。

メールをしていて気づかないタクシーもいます。

気づかないタクシーは危ないので、「乗らなくてよかった」と思えることが大切です。

「よそ見しているタクシーは危ないだろう」と、挙げた手をフッとひっこめるぐらいの気持ちでいればいいのです。

しがみつく人は、なんでも横取りされるとムッとします。

これは被害者意識です。

たとえば、たい焼き屋さんに行きました。

たい焼きは、残りの数が限られています。

「よし、自分の前は1人だから」と思っていると、前の人が20個買って、たい焼きは売り切れてしまいました。

そういう時は、「ほかのものを買いなさい」という神様のアドバイスだと考えます。

しがみつかない人は、神様が自分に味方しているように物事を捉《とら》えます。

これを「ホーム」と言います。

「なんだよ、神様のヤツ」と考えるのは、「アウェー」です。

その場所をホームに感じるか、アウェーに感じるかは、神様を信じられるかどうかの違いです。

「まわりが自分を応援してくれている」「ブーイングしている」、どちらに感じるかは自分が決めることなのです。

●しがみつかない大人になる方法

38 横取りに、ムッとしない。

しがみつかない人は、自分の存在意義を感じている。

「私にはこういう存在意義がある」と感じている人は、しがみつかないでいられます。

「自分が生きている意味は果たしてしてあるのだろうか」「何のために生きるのかわからない」と考え始めた時に、人間は何かにしがみつこうとします。

その結果、詐欺にかかる人もいます。

しがみつく人としがみつかない人との差は、自分自身の存在意義を感じているかどうかです。

そもそも人間は、「〇〇のために生きる」のではなく、「生きること」が目的です。

「〇〇のために」がなくても自分の存在意義を感じられる人は、しがみつきません。

「私はこれをするために生きてきた。これを果たして死んでいく」と考えると、死は怖くないし、しがみつくこともありません。

「私は何のために生きているのかわからない」「生きていなくても同じだ」と思うと、なたを振りまわしてしまうのです。

「今の自分には価値がないので死刑になっても同じ。どうせなら誰かを巻き込んでしまえ」と考えるからです。

凶悪事件を起こす人は、自分の存在意義を感じていないのです。

エロオヤジだからといって、電車の中で痴漢をするわけではありません。

「痴漢をしたら自分の今の地位も家族も失う。それはいけない」と、地位や家族が存在意義になります。

自分の存在意義を感じていない人は、定年退職して役職を失うと、自分の価値が突然ゼロになります。

IT企業の社内は、フリーアドレスで決まった席がありません。

「椅子が私の存在意義だったのに」とガッカリする人は、しがみつくタイプです。

なんでも存在意義になってしまうと、ヘンなものに存在意義が生まれ始めます。

自分専用のふた付き湯呑み茶碗が存在意義という人もいます。

毎日その湯呑み茶碗にお茶を入れてもらうことが会社に行く楽しみです。

そういう人は、「湯呑み茶碗廃止。コーヒーメーカーを置いたので、共有のカップホルダーで自由に入れてください」となった瞬間に、存在意義を喪失してしまいます。

自分自身に本質的な存在意義を感じていないためです。

しがみつかない人は、ものに存在意義を感じないのです。

●しがみつかない大人になる方法

39
自分の存在意義を感じよう。

肉親の死を受けとめられない。しがみつく人は、

すべての人が、肉親の死を受けとめる運命にあります。

肉親の死に対してのロスやペットロスなど、「〇〇ロス」と感じる人は、そのものにしがみついているのです。

ロスになる理由は、自分が命をかけてしている何かがないことです。

仕事を一生懸命している人間は、親が亡くなった時に、「とはいうものの、仕事も一生懸命しなくては」と、親が人生のすべてではありません。

仕事がある人は、恋人にフラれた時でも、忙しいので平気です。

自分が打ち込む何かがない人は、恋人にフラれると、自分のすべてがなくなります。

中には、「応援しているサッカーチームが負けたから仕事が手につかない」と言う人

がいます。

たしかに好きなチームが負けるのはショックです。

その時に、「よし！　オレは仕事で頑張るぞ」と、忙しく働くことでそのロスから抜け出せるのです。

ペットロスから抜け出せない人は、ペットの剥製をつくります。

ペットの死は悲しいことです。

それでも、愛していればペットは心の中に生き続けます。

その死生観を持つことです。

「生きる」と「死」は差がありません。

気の弱い人も強い人もいます。

気の弱い人も、親の死を受けとめているのです。

受けとめ方は、自分なりの死生観です。

気の強い人間の親だけが死ぬのではありません。

死生観はすべての人間が持つ必要があります。

電気製品が壊れただけで「なんで?」と電器屋さんに文句を言いに行くのはおかしいです。

どんなものでも、壊れることはあります。

電球が切れた時に、「LEDは切れないはずなのに、切れたんですけど」と文句を言わないことです。LEDは寿命が長いだけで、いつかは切れます。

寿命があることに、価値があるのです。

ものが壊れることを受けとめられないのが、しがみつく人の弱いところです。

肉親の死は、いかに自分がしがみついていたか、わからせてくれます。

遺品の片づけをすると、結局捨てるものがあって、「こんなにためていても意味がないんだな」と感じます。

「ものがたまっている方が片づけの時にめんどくさい」ということもわかります。

親は、急に死ぬこともあれば、だんだん具合が悪くなって死ぬこともあります。

そのプロセスの中で、自分のしがみつきを放棄したり、学習するために死があるのです。

親も、自分の命も、自分の所有物ではありません。
すべてお借りしているものです。

生物は長い間、命というバトンを連綿とリレーしているのです。

次に命を渡さなければ、そこで途切れてしまいます。

親も命を受け取ったら、次に誰かに渡すのがルールです。

レンタルビデオを返さなければならないのと同じです。

レンタルしたものを買ったものと勘違いしないことです。

図書館の本も、借りたら返すのがルールです。「私が借りたんだから」と言う人は、「私が」の方が勝って所有物にしてしまいがちです。

お借りしているという考え方が、しがみつく人にはないのです。

●しがみつかない大人になる方法

40

死を受けとめる死生観を持とう。

行動力とは、今までのライフスタイルにしがみつかない力だ。

行動力のある人は、「今までのライフスタイル」にしがみつかない人です。

行動力のない人は、今までのライフスタイルにしがみついている人です。

「朝早く起きてみよう」とアドバイスすると、「起きられないんですよね」と言う人がいます。

それは今までのライフスタイルです。

行動して、今までのライフスタイルを変えることが大切なのです。

「狭いところに引っ越したら」と言うと、「荷物が入りません」と言う人がいます。

たしかに、今までのライフスタイルのまま置いたのでは入りません。

「これは要らないからやめよう」と、ライフスタイルを変えるために小さいところへ引っ越すのです。

「今まではこうしてきた」と言う人は、行動力のない人です。

学習もできないので、成長もありません。

成長していく人は、「今までこうしてきたけど、これをキッカケに変えるか」とすべての出来事を変えます。

一見アンハッピーな出来事でも、それをキッカケにライフスタイルを変えるのです。

たとえ病気やケガや事故がもとでも、ライフスタイルを変えていける人は、行動力があるので成長します。これがしがみつかない人です。

しがみついて、行動力のある人はいません。

しがみつくと、旅行もできません。

旅行のいいところは、日常のしがみつきからいったん離脱することです。

それによって、ものの見え方が変わるのです。

「旅先では美術館に行くのに、なんで今まで地元で行かなかったんだろう」と、日常から離れることによって、違う目線で物事を見ることができます。

一番大きな効果は、しがみついていた考え方が変わることです。

物理的に、今の守られている状況、荷物の多い状態から離れるからです。

旅のいいところは、今まわりに知り合いがいる状態から、まったく知り合いがいない状態になったことがキッカケで、その人が生まれ変われることです。

帰ってきた時には、まったく違う見方の人になっています。

浦島太郎のごとく、違う人間に変わることができるのです。

家に帰ってきて、「やっぱり家が一番」と言うのは、旅をしたからわかることです。

「家は暑い」「寒い」「狭い」「収納スペースがない」と言うのは、家の中に居続けるからです。

しがみつかない人になるためには、常に旅のような行動をとれることが大切なのです。

●しがみつかない大人になる方法

41 「今までこうしてきた」にしがみつかない。

しがみつく人は、恋愛でもうまくいかない。

恋愛がうまくいかない理由は、しがみつきです。

「私は嫌いな人にしがみついてないです。好きな人だけですよ」と言う人がいます。好きな人だからこそ、しがみつくのはNGなのです。

結果として、好きな人から逃げられたり、疎《うと》ましがられます。

「好き、好きでなんでいけないの?」と言う人は、自分の事情だけで考えています。

相手は自分のために生きているのではありません。

相手は相手のために生きていて、自分は自分のために生きていて、その両者が交わることが大切です。

お互いが完全に重なることはないのです。

仕事の都合で離れて住んでいる夫婦は、仲がいいです。

単身赴任になって仲よくなる夫婦があるのです。

病気で入院することになって仲よくなる夫婦もいます。

浮気が原因で、仲よくなる人もいます。

「私は浮気してない」と言っても、長続きするとは限りません。

しがみつきタイプだからです。

「私はあなたのことが大好きで、24時間、トイレも一緒に入りたい」と言う人と一緒にいると、息苦しいです。

そうすると浮気したくなります。

「浮気してるんじゃないの？」と言えば言うほど、オウンゴールへ押し込んでいるようなものです。

ヤキモチは、オウンゴールにつながります。

「たまには浮気のひとつでもしてきなさいよ」と言う方がいいのです。

男性は「本当に浮気するぞ」と言いながら、満足しています。

「浮気のひとつでもしてきなさいよ」というひと言で、男性は浮気をせずに帰ってくるのです。

42 好きな人ほど、しがみつかない。

●しがみつかない大人になる方法

しがみつく人は、売り切れだとムッとする。

自分が買いに行ったものが売り切れだとムッとする人は、「限定」や「セール」という言葉に弱いです。

「だって、これ限定だったから」「セールだったから」と、要らないものまで買ってしまいます。

買いに行ったものが売り切れの時は、別のものを買ってみればいいのです。

プランAでうまくいかない時は、切りかえてプランBを考える力が大切です。

要らないものまで買ってしまうのは、しがみつき現象です。

売る側のマーケティングとしては、お客様にいかにしがみつかせるかが勝負です。

しがみつく人は、そのマーケティングにまんまとハマっているのです。

●しがみつかない大人になる方法

43

限定に、惑《まど》わされない。

しがみつく人は、自分を被害者に感じる。

しがみつく人は、自分を加害者とは考えません。

自分を加害者と考える人は、「いつもみんなに迷惑かけているな」と考えます。

自分を被害者と考える人は、「いつも人の迷惑を自分がこうむっている。損ばかりしている」と思います。

「すみません、こっちの席へかわってもらえますか」と言われると、「なんで？」とムッとします。

席を移った方がいい可能性もあります。

「すみません、今日は満席で、ビジネスクラスの方へアップグレードさせていただきます」と言われても、「イヤです」と言います。

「なんか損する気がするからイヤだ」と、しがみつくのです。

とにかく変更がイヤなのです。

日本人は、アップグレードをよく断ります。

ある国の観光局のマニュアルの中に「日本人は変更しないこと。たとえアップグレードでも喜ばない」と書いてあります。

飛行機の中で、「新婚のカップルさんが、アサインが遅くて縦並びになってしまったので、すみませんが、かわっていただけますか」と言われると、「イヤ」と言います。

「オレの席だから」と思っているからです。

席をかわっても、何も損はありません。

CAさんに「感じのいい人だな」と思われて、むしろ得です。

「そのかわりアップグレードさせていただきます」と言われても、「イヤです」と言います。

「アップグレードする。ということは、何かそれに見合う不利益があるんだな」と、被害者意識の人は考えるのです。

「これには裏がある。イヤです。結構です」と、いい条件でも拒否します。

「ここは私の席だから」と、最初の席から意地でも動きません。

これが、しがみつくタイプです。

たとえば、銀座のクラブに行きました。

ママさんに「中谷さん、団体のお客様が来られたので、こっちの方へ移動してもらえますか」と言われて、「いいですよ」と移動しました。

その後、「すみません中谷さん、ちょっとまた、こちらの方へ移ってもらえますか」と言われて、「いいですよ」とまた移動しました。

何度か移動しているうちに、最後は女の子のたまりのところに座りました。

私は、そこで女の子の悩み相談を聞いていました。

ママさんは、「この人はスナックの息子だな」と、私が同業者であることをにおいで感じたのです。

そのため、席の移動を何回もお願いされたのです。

電車の席でも、真ん中に座って、カップルが両側に座っているのにガンとして動かない人がいます。

あれはしがみつきです。

電車のつり革を取り合っている人もいます。

「オレのつり革をなぜおまえが持つ?」と言わんばかりに、そのつり革を持つ人をにらんだりします。

結局、持ち物は電車のつり革レベルなのです。

電車の立ち位置でも、いつも同じ電車の同じ場所にいる人は、「そこは私の角なんです」という雰囲気で立っています。

大浴場のシャワーでも「それ、オレのシャワーなんだけど」と、ムッとする人がいます。


自然界において、自分専用のものはありません。

すべてのものがみんなのものです。


それを一瞬お借りしているだけです。

「お借りしている」という発想は、リスペクトや謙虚《けんきょ》の気持ちから生まれます。

「オレのもの」と思った瞬間に傲慢《ごうまん》になったり、詐欺に遭うのです。
「とられる」と不安になるからです。
レンタルビデオをとられるという発想はありません。
そもそも借りているのだから、とられることはないのです。

●しがみつかない大人になる方法

44 「信じてたのに、裏切られた」と言わない。

しがみつく人は、宙ぶらりんに弱い。

「私はあなたにとっていったい何なの？　友達なの？　恋人なの？　関係性のスタンスをはっきりしてほしい」と言う人は、恋愛ができません。

宙ぶらりんに弱い人は、

「結婚を前提につきあうんですか？　それを最初にはっきりしてもらわないとつきあえない」

「白か黒かというスタンスを決めてもらわないと、私が落ちつけない」

と言います。

それは自分で決めればいいのです。

関係性は常に動いています。

これがつかず離れずの状態です。

「絶交」か「大親友」かではなく、間にたくさんの関係があるのです。

たとえば、「つきあってください」と告白して、「ごめんなさい、お友達なら」と言われた時に、「フラれたよ」と言うのが中2です。

中年の中2もたくさんいます。

「恋人」という名称にしがみついているのです。

「お友達としてなら」と言われて、「よし、そこからズルズルッといってやる」と考えるのがしがみつかないタイプです。

まず、「友達」という口座が開いたのです。

最初は口座をあけてもらえば十分です。

しがみつくタイプは、最初から100%を求めます。

「私はあなたにとっていった何なの?」と聞く人は、関係性を固定したいのです。

「私の席はどこ?　そこに名前を書いておいて」と、他者に自分の居場所を確認するタイプです。

しがみつく人は、フリーアドレスが苦手です。
しがみつかない人は、自分の居場所は自分で決めるのです。

●しがみつかない大人になる方法

45 白か黒かを、相手に求めない。

しがみつく人は、自分の場所だけ見て、全体が見えない。

ある社員が社長に対して、

「給料を上げてください」

と言いました。

社長は、

「みんな下がっているんだ。会社の売上げも今年は苦しくて」

と言いました。

すると、その社員は、

「そんなことは知らない。私の給料は毎年上がってるから、今年も上げてもわらない
と困る」

と言いました。

この社員のようにまわりが見えない現象が起こるのは、自分の狭い範囲にしがみついている人です。

しがみつく人は、最終的に自分の視野がどんどん狭くなります。

経営者は常に全体を見る必要があるので、物事を離れて見ることに慣れています。

雇われる側は、自分のメリット・デメリットしか見ないので、どんどんしがみつきます。

そのため、「席替えはイヤだ」という現象が起こるのです。

たとえば、お店が混んできました。

行列ができ始めたら、コーヒーのおかわりはやめて、「ここ、空きますよ」と言って席を立つのが愛される人です。

しがみつく人は、「ここは私の席だから」と、コーヒーをおかわりします。

並んでいる人がいるのに、「だって、私の席だもの」と、まったく席を立ちません。

お店が混んでいる時に、のんびりと座ってメールをします。

本当はメールをしたいのではありません。

「自分の席を動くのがイヤ」という気持ちから、なんとなくメールをしているのです。

座っているのは、席があくのを待っている人に対して、これ見よがしの行為です。

しがみつかない人は、常に全体を見て、座っていた席を次の人にサッと譲《ゆず》ることができるのです。

●しがみつかない大人になる方法

46

全体を見よう。

第6章

しがみつくより、行動しよう。

切りかえ力は、しがみつかないことでつく。

サッカーから習ったことは切りかえです。

サッカー解説者の松木安太郎さんは、どんなに相手チームに点を入れられても「切りかえていきましょう。ここからです。まだ時間はあります」と言います。

これが松木さんの解説の気持ちいいところです。

生きていくには、気持ちを切りかえる力が必要です。

切りかえとは、しがみつかないことです。

試合で勝っていた敵に追いつかれた時に、「勝っていたのに」と言う人がいます。

勝っていたのは、少し前までの話です。

状況は刻々と変わっているのです。

試合中に「攻めていたのに攻められている」という場面もあります。

「○○していたのに」と言うのは、しがみつきです。

変化している状況に対して、「今こうなったから、こうだな」と切りかえればいいのです。

たとえば、デートで食事をしようと思っていたお店が臨時休業でした。

その時に「なんで？」は要りません。

「じゃあ、どうするか」と考えます。

「なんで？」と言われても、連れて行かれた側としては困ります。

「定休日じゃないいんだよ。ほら、見てよ。定休日は月曜日だもの」と、お店のサイトを見せられても、どうしようもありません。

「『臨時』と書いてある。納得いかない」と言うのは、「私のせいではない」とアピールしたいのです。

ダンドリの悪い男と思われたらイヤだからです。

ここでこだわっている時点で、すでにダンドリの悪い男です。

一緒にいる女性は「第2案を出せないの?」と、ムッとします。

「私のせいじゃない」と言い続ける人は、気持ちの切りかえができないのです。

切りかえ力のない人は、100か0しかないので、「もうそこの近所の店でいいじゃん」と、急にテンションが下がります。

「なんだっていいや、もう」と、第2案はありません。

ひどい時は解散です。

「今日はごはんを食べない方がいいということだ。帰ります」と、楽しむ元気が突然プツッとなくなってしまうのです。

47

●しがみつかない大人になる方法

切りかえよう。

全部とろうとする人は、しがみつく。

株で一番しくじるシロウトは、最高値で売ろうとする人です。
最安値で買って、最高値で売るのはムリです。

最初から、「1割上下したら売る」と決めておきます。

その後、売った値段より株価が上がっても「しまった」と考える必要はまったくありません。

「1割上がったら売る」という所期の目的を達成したからいいのです。

最安値で買って、最高値で売ろうとする人は、「まだ下がる、まだ下がる」と言っているうちに上がり始めて、買うタイミングを失います。

すべての利益を100%手に入れようとする人は、結局、最高値にしがみついています。
常に最高を求めないことです。
しがみつかない人は、どんな時もひとり占めにしません。
あらゆるものは、神様の取り分、お客様の取り分を残しておく必要があるのです。

●しがみつかない大人になる方法

48

半分は、譲ろう。

雲はとまっているように見えて、動いている。

しがみつく人は、まわりが動いていることに気づきません。

常にまわりのすべてのものは動いています。

その中で自分だけがとまっているのです。

中には、「雲を見てよ。とまってるじゃないか」「水はとまってるじゃないか」と言う人がいます。

雲は遠いからとまって見えるだけで、実際は動いています。

水面はとまっているように見えても、水中では流れているのです。

「雲悠々水潺々《せんせん》」という、初夏の掛け軸の言葉があります。

掛け軸の言葉には、意味と精神があります。

大切なことは、言葉の意味ではありません。

「雲悠々水潺々」は、「雲は悠々と動き、水は潺々（さらさら）と流れるのがいい」という意味の言葉です。

「とまっているように見える雲でも動いている。流れていないような水でも流れている」というのが精神です。

まわりが動いていることに気づくと、自分だけしがみついているのはヘンだとわかります。

しがみつく人は、よく「あれもとまってるじゃないか」「これもとまってるじゃないか」と言います。


自然界においてとまっているものは、何ひとつないのです。

49

●しがみつかない大人になる方法

まわりが動いていることに気づこう。

しがみつく人は、見えるものにしがみつく。お茶の潔《いさぎよ》さは、飲んだらなくなることだ。

しがみつく人は、見える形のものが好きで、見えない形のものは認めません。

お茶の潔さは、飲んだら消えてなくなることです。

これが茶道です。

形は残りません。

それを2時間半の手間ヒマをかけて、お客様をおもてなしするのです。

しがみつくタイプは、プレゼントをあげる時に、できるだけ形が残るものを選びます。かさばるものを人にプレゼントするのは迷惑です。

結婚のお祝いにタンスをもらっても、そこに家賃がかかるだけです。

都会のマンションにタンスを置くスペースはありません。

文字盤が、自分たちのウエディングケーキ入刀の写真がジグソーパズルになっている時計を引出物にする新郎新婦もいます。

そういうものはなかなか飾れません。

しがみつかない人は、プレゼントはお金にします。

しがみつく人は、「お金なんか、誰があげたかわからないじゃないですか」と言います。

それでいいのです。

お金は、消えてなくなって一番有効性があるものです。

しがみつかない人になるためには、見えないものを感じる力が大切なのです。

50

●しがみつかない大人になる方法

見えないものを、感じよう。

スマホを捨てた受験生は、合格する。大切なものを捨てる時、生まれ変わる。

大学受験や高校受験で合格するのは、スマホを捨てた子です。

「雑誌を捨てます」「TVを見ないようにします」「ゲームは1時間以内にします」と言っている子は合格しません。

高校生でスマホを捨てるのは根性が要ります。

スマホをポンと捨てられる子は、志望校に通ります。

それは、覚悟があるからです。

これがしがみつかないということです。

手放す時は、どうでもいいものではなく、大切なものにします。

「それを手放すの？」というものを手放した時に、その人の軸が定まります。

みんながなかなか手放せないものは、お金と評判です。

それらを先に手放すと、めぐりめぐって、お金と評判は手に入ります。

お金や評判のためにしていない人は、成功するのです。結果としてめぐりめぐって入ってくるものは、もともと求めていたものではありません。

「お金が欲しい、欲しい」と言う人には、お金は来ません。

「評判が欲しい、欲しい」と言う人には、評判は来ません。

売れないうちは、「評判が欲しい」「名声が欲しい」と言い、お金がないうちは「お金が欲しい」と言うから、よけいに時間がかかってしまうのです。

これに気づけるかどうかです。

ITの起業家も、オタッキーでITの世界にハマり込んでいる人は成功します。

「ITで成功して、お金が欲しい」「評判が欲しい」という思いが先行してしまう人は、時間がかかります。

自分が欲しいもののベスト3を挙げて、3番と2番を捨てた人が成功します。

中谷塾で、「3番を捨てて」と言うと、「エーッ、この3つは残すものじゃないの?」

「これ、マジで捨てるんですか?」」と阿鼻叫喚《あびきょうかん》でした。
「2番目も捨てて」と言った時に、みんなが「エーッ」と言う中で、1人の女性が
「じゃ、これ捨てます」と捨てました。

涙をポロッと流して捨てた、真剣なこの女性は成功します。
ここで笑いながら消せる人は、3つウソを書いています。
大切なものは、笑いながら消せません。
しがみつく人は汗が出ます。
しがみつかない人は、涙が出ます。
しがみつかないためには、汗ではなく涙が必要です。
汗は現場の人が流すものです。
大切なものを手放す時は、汗より涙を流しながら捨てることが大切なのです。

●しがみつかない大人になる方法

51

大切なものを、手放そう。

目的をあきらめないことが、こだわり。手段をあきらめないことが、しがみつき。

「こだわる」と「しがみつく」はどう違うのでしょう。
「こだわる」は、目的をあきらめないことです。
「しがみつく」は、手段をあきらめないことです。
俳句は、無限に推敲《すいこう》を重ねます。
言葉にこだわるから、もっといい言葉を探すのです。
しがみつく人は、こだわらない人なのです。
しがみつく人は、目的と手段の区別がだんだんわからなくなります。
「つきあって、つきあって」と言って、プレゼントの値段をどんどん上げます。
頑張るポイントを間違えています。

自分の気持ちを伝えるためには、手をかえ品をかえ、いろいろな工夫をする必要があります。

プレゼントの値段をボンボンボンと上げて、「ダメか」とあきらめる人は、また別の人に乗りかえます。

しがみつくタイプは、こだわりがありません。手段にしがみつく人は、自分の頑張ったことがうまくいかないと、目的をあきらめてしまうのです。

たとえば、デートでごはんを食べることにしました。

今日はごはんを食べることが大切な目的です。

行きたいお店は手段です。そのお店が臨時休業だからといって、「じゃ、今日は解散」と言うのは間違っています。

しがみつく人は、いつの間にか手段が目的化するのです。

52

●しがみつかない大人になる方法

目的のために、手段を変えよう。

メリットだけが好きで、デメリットが嫌いな人が、しがみつく。

メリットとデメリットはワンセットです。

しがみつかない人は、メリットも好きですが、デメリットも引き受けられます。

しがみつく人は、「メリットは欲しいけど、デメリットは欲しくない」と言うから、詐欺に遭うのです。

メリットだけを求めるのは、自然界の原理に反していることに気づく必要があります。

子どもには、メリットだけがあってデメリットはありません。

親がかわりにデメリットを引き受けてくれるからです。

しがみつかない人になるためには、デメリットを引き受けられることが大切です。

席替えにはデメリットを伴います。
引っ越しにもデメリットを伴います。
それでも実行することによって、何か新しいものを生み出すことができます。
新しいチャレンジをする時は、必ず何らかのデメリットが生まれます。
オフェンスしようと思うと、ディフェンスのデメリットが生まれるわけです。
常にデメリットを受け入れる姿勢でいないと、チャレンジはできないのです。

●しがみつかない大人になる方法

53 デメリットを、受け入れよう。

「今の仕事がなくなったら、どうしよう」と言う人がしがみつく。

「今の仕事がなくなったらどうしてくれる?」

「どうすればいいんだ。誰かなんとかして」

と言う人は、受け身でいるのです。

しがみつかない人は、「今の仕事がなくなったら、次はこうしよう」と考えます。

私は本にまったくしがみついていません。

出版界が明日なくなるかもしれません。

そんなことにビクビクしません。

私は、本を書く仕事がなくなった時は、別のことをしようと考えています。

「出版の仕事がなくなったらどうしよう」「どうしてくれる?」と、出版社に言われても困ります。

世の中がどうなろうが、自分で次のことができるようにしていけばいいだけのことです。

誰かになんとかしてもらおうという態勢でいる人は、しがみつくタイプです。

今の仕事が永遠にあるとは考えないことです。

今の仕事が永遠にあるという思い込みは、しがみつきです。

しがみつく人は、今の仕事が下り坂になり始めた時に、「おや、どうするんだ？」とあたふたします。

しがみつかない人は、「これはもう最終回に近づいているなあ。じゃあ、最後まで味わおう。続くなら続けばいいし」という姿勢でいられるのです。

●しがみつかない大人になる方法

54

「次は、こうしよう」と考えよう。

第7章

未来の扉は自分で、開こう。

しがみつく人は、今を手に入れられない。しがみついているのは、今ではなく、今までだ。

しがみついている人は、自分は「今」にしがみついていると思っています。違います。その人がしがみついているのは、「今まで」です。

昨日までの利益や利権にしがみついて、今、目の前にコロコロと転がってきたものをキャッチできないのです。

『桃太郎』で、おばあさんが「今は洗濯中なので、目の前の桃なんか拾っている時間はない」と言ったら、『桃太郎』のストーリーの当事者にはなれません。

『桃太郎』のおばあさんは、今までの洗濯を放棄して桃をとったのです。

「洗濯はどうしたんだ」と叱られたり、洗濯物を誰かに持っていかれる可能性もあります。

おばあさんは、すべての「今まで」を放棄して「今」を手に入れたのです。

これがなかなかできないのです。

本人は「私が今持っているもの」と言っています。

それは、「今」ではなく、「過去」です。

「過去」を手放さないと、「今」は手に入りません。

常に「過去」を「今」に持ちかえていくのです。

本人が言う「しがみついている今」は、「今」ではなく、すでに「過去」です。

「データではこうなっています」と言いますが、それは過去のデータです。

今プリントアウトしたものは、過去のデータのプリントアウトです。

「今」と「今まで」の区別がつくことが大切なのです。

●しがみつかない大人になる方法

55 今までより、今を手に入れよう。

しがみつく人は、集中力がない・クヨクヨする。

「私は集中力がないんです。どうしたら集中することができますか」という相談ごとがあります。

集中できない人は、しがみついている人です。

その人は、「今まで」と「今」の両方をチラチラ見ています。

たとえば、目の前にボールが転がってきます。

今までのボールも、ここにあります。

両方見ていると、転がってきたボールをキャッチし損《そこ》ねるのです。

これが「集中力がない」という状態です。

集中力のある人は、今、目の前に転がってきたボール1個だけを見ています。

集中力がない、今までにしがみついている人は、「こっちのボールをとったけど、やっぱり今までの方がよかったかな」とか「今までのボールをとったけど、やっぱりあっちのボールの方がよかったかな」と、常にクヨクヨしています。

わらしべ長者は、交換した後も、なんのクヨクヨもありません。

「2回前の方がよかったかな」ということは、何も考えていません。

「かえて」と言われたら、「ああ、いいですよ」とかえているうちに、どんどんいいものになっていきます。

そもそも「交換する」という意識がないのです。

「ちょうだい」と言われて、あげたら、相手がかわりのものをくれただけです。

これが「しがみつかない」ということなのです。

56

●しがみつかない大人になる方法

1つに集中しよう。

しがみつく人は、やりたいことがいっぱい・時間がない。

「やりたいことがいっぱいあって、時間が足りないんです」と言う人が多いです。

本人は「私は好奇心が強い人間で」と言っています。

それは「しがみついている人」です。

やりたいことがいっぱいあっても、体力と予算には限りがあります。

「勉強したいことはいっぱいあります。でも、お金に限りがあるんです」と言っている人は、結局、軸がブレブレです。

「なんとなくやりたいこと」「ちょっとやりたいこと」と、「本当にやりたいこと」との差は大きいのです。

本当にやりたいことがある人は、ほかのことにしがみつかなくなります。

「ちょっと本でも書いてみたいんですけど、なかなか書けない」と言う人がいます。

「ちょっと」と「みたい」がついた時点で、「本当にやりたいこと」ではありません。

「ちょっと仕事もバタバタしていて」

「ちょっと趣味もあって」

「友達づきあいもいろいろあって」

と、ほかのことにもしがみついています。

1つのことをとれないというより、ほかのことにしがみついていて手放せないのです。

その道の一流になっていく人は、人生を棒に振っている人です。

ほかのことは、全部手放しています。

これが強いのです。

たとえば、本を書く時に、「みんなにこういうことを伝えたい」という気持ちと「これをやって有名になりたい」という気持ちが2つ出てきた時点で、「有名」にしがみついています。

「これを出してお金持ちになりたい」「夢の印税生活をしたい」と考えている人は、書きたいことよりも、お金にしがみついています。

その時点で、「どうしたら売れる本が書けますか」という話になります。

「今はこういう本が売れている」と聞いてマネしても、売れないのです。

ほかのことに気持ちがしがみついていくことによって、本来、自分がしなければいけないことへの集中力がなくなります。

これは「やりたいことがあるのに時間が足りない」と言っている人によくある症候群です。

仕事ができる人には仕事が殺到します。

仕事がない人よりはいいのです。

ただし、来た仕事を全部受けていると、体力が続きません。

「体力をつければいいんですね」と言う人がいますが、違います。

神様は「選べ」と言っているのです。

全部とろうとするのは、いじましいことです。

独立すると、全部が中途はんぱになります。

神様は、人間がしがみつかないように、体力と予算に制限を与えているのです。

それによって何かを手放さざるをえなくなって、1点に集中することができます。

レンズで光を、1点に集めることによって、点火することができます。

それと同じことが起こっているのです。

57 本当にやりたいことだけを選ぼう。

●しがみつかない大人になる方法

しがみつく人は、したい願望があって、捨てる覚悟がない。

したいことがたくさんある人ほど、どれからすればいいかわからなくて、「今、準備中です」と言うのです。

名刺に「起業準備中」と書いて何もしていない人は、たくさんいます。

願望がどれだけあっても、その1つ1つにしがみついている人は、うまくいきません。

うまくいく人は、覚悟のある人です。

たとえば、本を書きたいという人がいました。

本を書くには時間がかかります。

そのために友達づきあいも断ることになります。

「でも、友達づきあいを断ったら、友達に嫌われるじゃないですか」と言う人は、願望はあっても覚悟がないのです。

願望とは「○○したい」ということです。

覚悟とは「○○を捨てられる」ということです。

大切なのは、選択と集中です。

願望があっても選択はできません。

選択とは、何を捨てるかを決めることです。

選べないのは捨てられないからです。

「友達に嫌われてもいいです」と言える人は、覚悟のある人です。

中途はんぱな人は、「わかりました。友達づきあいは3回に1回だけにします」と言うのです。

この中途はんぱさが危険です。

友達にも嫌われ、自分のしたいこともできなくなるのです。

願望がないのではなく、覚悟がないのです。

何を捨てるかを決めた人間は強いのです。

ここにその人のブレがなくなります。

軸がブレない人は、しがみつかない人です。

ほかのことはどうでもいいのです。

たとえば、エッチをするためなら土下座もできます。

なりふりかまわないのです。

いいカッコしながら「モテたい」と言う人よりは、はるかに潔いです。

「お金儲けをしたい。そのためならイヤなことだってする」と言う人は、潔いです。

「好きなことをしながら、お金儲けもしたい」と言うのは、最も潔くないのです。

●しがみつかない大人になる方法

58 潔く、捨てる覚悟を持とう。

1つに絞れない人は、協力してもらえない。

好きなことをするなら、お金を払ってします。

「好きなことをして稼ごう」とすること自体、「仕事」と「趣味」との区別がついていないのです。

転職で一番うまくいかないのは、「好きなこともしたいし、お金も儲けたい」と言う人です。

「好きなことなんですけど、給料がいまいちなんですよ」

「給料はいいのに、あまりやりたくない仕事なんですよ」

「やりたい仕事で、給料のいい仕事は何かないですかね」

と言う人は、しがみついています。こういう人には誰も協力しません。

マンション探しで、すべての条件が整ったところを求めるのは、ないものねだりです。そういう人には不動産屋さんも協力してくれないのです。

モテる人は、異性に対するこだわりを1点に絞れます。

それだけあれば、後はどうでもいいのです。

モテない人は、よく「紹介してくださいよ」と言っています。

紹介すると、「かわいいんだけど、性格がね」「性格はいいんだけど、スタイルがね」「スタイルはいいんだけど、ちょっと年いってるね」と、いろいろなことを言い出します。

その人は、2つ以上のものを求めています。

1人の人間に2つ以上求めることにはムリがあります。

そんな素晴らしい人はいないのです。

●しがみつかない大人になる方法

59 2つ以上を求めない。

過去の黄金時代が忘れられない。しがみつく人は、

新しいことを教えると、「でも、親にこう教わってきました」と言う人がいます。

これは言いわけです。

「親にずっとこうやって教わってきたから、仕方がないじゃないですか。親に一度もほめられたことなんかないです」と言うのです。

こういう人は、親とうまくいっていません。

親の文句を言いながらも、親の話が多いのです。

親に文句を言うのは、赤ちゃん返りです。

赤ちゃんのころは、「買って、買って」と、親に文句を言っています。

泣けばなんでも通ったのです。

そのやり方を50歳になってもするのはイタいです。

赤ちゃんは黄金時代です。

なんでも言えるし、ママにしがみついていればいいのです。

これは結局、ママへのしがみつきです。

「昔はよかった」と言うオヤジは、過去の黄金時代にしがみついているのです。

過去にしがみつく人は髪型を変えることに、抵抗があります。

思春期の時のまま、髪型を変えられない女性がいます。

その人は、ある年齢から老けて見えてきます。

年齢も当てられます。

その人の大学時代に流行っていた髪型をしているからです。

本当は今の年齢と時代に合わせた髪型にどんどん変えていけるのに、1つの髪型にしがみついているのです。

同窓会に行くと、容貌変異していて、誰だかわからない人がいます。

クラスが違うと、同級生と言われても、名前の記憶がないのです。

後で卒業アルバムとその人のホームページの写真を照合すると、高校時代と髪型が同じです。

頭蓋骨より変わらないのです。

その人にとって、高校時代は過去の黄金時代です。

生きていくのは「今ココ」です。

しがみついている人は、今にしがみついているのではなく、過去に生きているのです。

●しがみつかない大人になる方法

60 髪型を変えよう。

学ぶとは、過去の正しいことに、しがみつかないことだ。

学ぶ人は、過去の正しいことにしがみつかないことで成長します。

アドバイスをすると「A先生はこうおっしゃっていて、中谷先生と違う意見なんですけど、どっちが正しいんでしょうか」と質問する人がいます。

その時点で、答えは、A先生が正しいと決まっています。

「どちらが正しいんでしょう」というのは、先生に聞くことではありません。

占いでも、「A先生とB先生から違うことを言われました。どっちが正しいんでしょう」と、3人目の占い師さんに聞くのは、おかしいです。

「どっちが正しいんでしょう」というアンケートをとりに、信用できない占い師さんに聞きに行っても意味がありません。

「この人の言うことは100%信じられる」という占い師さんに聞きに行くことです。

どちらが正しいかは自分で決めればいいのです。

違う角度の情報や考え方を手に入れることが「学ぶ」ことです。

その結果として、「よし、自分はこれを信じよう」と選ぶのです。

「どっちが正しいんでしょう」と聞く人は、自分が選んだ方法が間違いだった時の責任から逃れたいのです。

「よし、自分はこれを信じていこう」と言う人は、自己責任を持っています。

「どっちが正しいんでしょう」と聞く人は、「あの先生が『こっちが正しい』と言ったからこっちにしたのに、違っていたじゃないか。あの先生はひどい」と文句を言います。

「TVの天気予報で『今日は傘を持ってお出かけください』と言われたから傘を持っていったのに、いらなかったじゃないか」と、TV局にクレームを言いに来る人がいます。

AIで天気予報がどんどん進歩して、「〇〇地域の降水確率は何%」と、的中率の高い数字が出ても、傘を持っていくかどうかは本人が決めることです。

行動は、本人の選択の結果だからです。

降水確率が40％の時に、傘を持っていくかどうかは個人の好みです。

私は傘を持つのがイヤなので、傘はできるだけ持っていきません。

「今日通る道順を考えて、外に出る時間が短い時は持っていかない」というのが私の判断です。

天気予報で「今日は洗濯日和」と聞いて、「夕立があったじゃないか。責任とれ」と怒る人がいます。

洗濯物を干したのは、自分の判断です。

自分で決めて、間違った時のデメリットを引き受けられないのは、結局、他人にしがみついています。

自己責任から逃れようとする人は、給料が下がると「食べていけないじゃないか」と文句を言います。

その時は、「会社を儲けさせてよ」というのが経営者の考え方です。

しっかり稼いで、会社が儲かるようにすれば、給料は出るのです。

会社を自分の保護団体と思わないことです。

しがみつく人は、その会社は社長がつくったことを忘れています。

会社自体を社長がつくらなければ、給料も出ないし、雇用も発生しないのです。

会社は、保護団体ではありません。

「今、給料が下がったら食べていけないじゃないか。家のローンはどうしてくれるんだ」と文句を言う人は、自分がなんとかしようという能動の姿勢がないのです。

●しがみつかない大人になる方法

61 新しい正しいことを、手に入れよう。

今のことに感謝している人は、しがみつかない。

感謝している人は、しがみつきません。

しがみついている人は、感謝ができません。

しがみつきながら感謝することはないのです。

これは、恋人と別れる時とまったく同じです。

恋人から「別れよう」と言われると、「エッなんで？　私の3年間を返してください」と言う人がいます。「今まで3年間楽しかった」ではなく、「3年間返せ。嫌われてもいいから、別れてやるもんか」と考える人は、正気を失っています。

しがみつくと、合理的に正しい判断ができません。

結果として、詐欺にかかったり、自分に不利益な選択肢を選んでしまうのです。

自分のことを嫌いな人にしがみつく必要はありません。

たとえば、愛人と結婚するために奥さんと別れようとしている男性がいます。

「自分が別れてやったら愛人と結婚する。それは腹が立つから別れてやらない」と、イヤがらせをしても、奥さんのメリットは何も生まれません。

ここで「ラッキー。自分は誰か新しい若い男をつかまえてやろう」と、次のことを考えていないからです。しがみつく人は、非生産的な方向へ向かうのです。

たとえば、友達が玉の輿に乗りました。

その時に、「遠くで起きるならまだしも、自分の真横の親友になんで玉の輿の話が来るんだ。凄い損した感」と言う人がいます。

しがみつく人は、「裏切られた」と考えるのです。

「あなたは私の親友でしょう。あんな男、やめなさい。絶対浮気するから」

と言うのは、自分の親友が成功しない状態で居続けてもらうことにしがみついています。成功して上に上がっていく人を引きずりおろし、今の状態でいてもらうことで、自分のハッピー感、安心感を得ようとするのです。

しがみつかない人は、「負けたわ。ちょっとそのつてで、お金持ち友達から誰かいい人を紹介してよ」と言います。

自分も上がっていこうとする形です。こちらの方が生産的です。

せっかく友達がそんなチャンスをつかんだのだから、それを利用しない手はありません。自分の一番身近な人間が成功することに対して、イヤな思いを抱いたり、損した感があったり、今の状態のままであってほしいと思うのは、母親が子どもに感じることと同じです。

上司がイヤな場合は、上司を出世させることです。

上司を引きずりおろそうとすると、上司は出世できなくてずっと自分のそばにいることになります。イヤな上司は、出世させてどこかに行かせればいいのです。

しがみつかない人は、逆の論理で前へ進んでいくのです。

●しがみつかない大人になる方法

62 今あるものに、感謝しよう。

エピローグ

今までにしがみつく人は、運をつかめない。運は、今までの外側にある。

しがみついている人は、運をつかめません。

運は転がってくるものだからです。

転がってきた時に、今までにしがみついていると、その運は拾えません。

しがみつきながら「運も欲しい」と言うのは、運というものの発想が間違っています。

過去にしがみついていると、今、自分の袋の中はパンパンなので、転がってきた運を入れるスペースがありません。

「運が欲しい、欲しい」と言いながら、今までのものでパンパンになっている状態はおかしいです。

私は常に、紙1枚、新聞1部からゴミは捨てています。

それがあるおかげで運が来ないと困るからです。

翌日の朝に捨てるだけではありません。

夜でも捨てられるようになっているマンションを選んで住み、夜のうちに捨てます。

寝ている間に入ってくる運を逃がしたくないからです。

「今までこうだから」ということにしがみつかないことです。

今まで握りしめているものにしがみつくことによって、新しく来るものが手に入らないというのは、一番チャンスを逃がします。

しがみつく人は、手帳がスケジュールで埋まっていないと不安なタイプです。

会議、打ち合わせ、面会がたくさんあると、手帳のスケジュールが埋まるので、「私は仕事をしています」という気持ちになる人がいます。

「今日はあいていますか」と言われて、「今日はちょっと。来月なら」という話になると、もうそこでチャンスがなくなるのです。

「今日これから」と言われた時に「いいですよ」と言えるのは、スケジュールがあいている人です。

新しい運が転がってきた時に、ギューギューにスケジュールを埋めていると、その運をつかめません。

スケジュールが埋まっていないと、「自分は社会に求められていないんじゃないか」「売れていないんじゃないか」「存在意義がないんじゃないか」と不安に思う人がいます。

手帳に書くスケジュールの多さが一番大事な人は、運をつかめなくなってしまうのです。

今までにしがみつかない人に、運がやって来るのです。

63

●しがみつかない大人になる方法

今までの外側の運をつかもう。

【毎日新聞出版】
『あなたのまわりに「いいこと」が起きる70の言葉』
『なぜあの人は心が折れないのか』

【大和出版】
『「しつこい女」になろう。』
『「ずうずうしい女」になろう。』
『「欲張りな女」になろう。』
『一流の準備力』

【すばる舎リンケージ】
『好かれる人が無意識にしている言葉の選び方』
『好かれる人が無意識にしている気の使い方』

【ベストセラーズ】
『一歩踏み出す5つの考え方』
『一流の人のさりげない気づかい』

『お金の不安がなくなる60の方法』**（現代書林）**
『1秒で刺さる書き方』**（ユサブル）**
『なぜあの人には「大人の色気」があるのか』**（現代書林）**
『昨日より強い自分を引き出す61の方法』**（海竜社）**
『状況は、自分が思うほど悪くない。』**（リンデン舎）**
『一流のストレス』**（海竜社）**
『成功する人は、教わり方が違う。』**（河出書房新社）**
『名前を聞く前に、キスをしよう。』**（ミライカナイブックス）**
『なぜかモテる人がしている42のこと』**（イースト・プレス　文庫ぎんが堂）**
『人は誰でも講師になれる』**（日本経済新聞出版社）**
『会社で自由に生きる法』**（日本経済新聞出版社）**
『全力で、1ミリ進もう。』**（文芸社文庫）**
『「気がきくね」と言われる人のシンプルな法則』**（総合法令出版）**
『なぜあの人は強いのか』**（講談社+α文庫）**
『大人になってからもう一度受けたいコミュニケーションの授業』**（アクセス・パブリッシング）**
『運とチャンスは「アウェイ」にある』**（ファーストプレス）**
『大人の教科書』**（きこ書房）**
『モテるオヤジの作法2』**（ぜんにち出版）**
『かわいげのある女』**（ぜんにち出版）**
『壁に当たるのは気モチイイ人生もエッチも』**（サンクチュアリ出版）**
書画集『会う人みんな神さま』**（DHC）**
ポストカード『会う人みんな神さま』**（DHC）**
『サクセス＆ハッピーになる50の方法』**（阪急コミュニケーションズ）**

[面接の達人]**（ダイヤモンド社）**

『面接の達人　バイブル版』

【PHP文庫】
『もう一度会いたくなる人の話し方』
『お金持ちは、お札の向きがそろっている。』
『たった3分で愛される人になる』
『自分で考える人が成功する』

【だいわ文庫】
『いい女のしぐさ』
『美人は、片づけから。』
『いい女の話し方』
『「つらいな」と思ったとき読む本』
『27歳からのいい女養成講座』
『なぜか「HAPPY」な女性の習慣』
『なぜか「美人」に見える女性の習慣』
『いい女の教科書』
『いい女恋愛塾』
『やさしいだけの男と、別れよう。』
『「女を楽しませる」ことが男の最高の仕事。』
『いい女練習帳』
『男は女で修行する。』

【学研プラス】
『美人力』(ハンディ版)
『嫌いな自分は、捨てなくていい。』

【あさ出版】
『孤独が人生を豊かにする』
『「いつまでもクヨクヨしたくない」とき読む本』
『「イライラしてるな」と思ったとき読む本』

【きずな出版】
『「理不尽」が多い人ほど、強くなる。』
『グズグズしない人の61の習慣』
『イライラしない人の63の習慣』
『悩まない人の63の習慣』
『いい女は「涙を背に流し、微笑みを抱く男」とつきあう。』
『いい女は「紳士」とつきあう。』
『いい女は「言いなりになりたい男」とつきあう。』
『いい女は「変身させてくれる男」とつきあう。』
『ファーストクラスに乗る人の自己投資』
『ファーストクラスに乗る人の発想』
『ファーストクラスに乗る人の人間関係』
『ファーストクラスに乗る人の人脈』
『ファーストクラスに乗る人のお金2』
『ファーストクラスに乗る人の仕事』
『ファーストクラスに乗る人の教育』
『ファーストクラスに乗る人の勉強』
『ファーストクラスに乗る人のお金』
『ファーストクラスに乗る人のノート』
『ギリギリセーーフ』

【ぱる出版】
『粋な人、野暮な人。』
『品のある稼ぎ方・使い方』
『察する人、間の悪い人。』
『選ばれる人、選ばれない人。』
『一流のウソは、人を幸せにする。』
『セクシーな男、男前な女。』
『運のある人、運のない人』
『器の大きい人、器の小さい人』
『品のある人、品のない人』

【リベラル社】
『50代がもっともっと楽しくなる方法』
『40代がもっと楽しくなる方法』
『30代が楽しくなる方法』
『チャンスをつかむ 超会話術』
『自分を変える 超時間術』
『一流の話し方』
『一流のお金の生み出し方』
『一流の思考の作り方』

【秀和システム】
『人とは違う生き方をしよう。』
『なぜ あの人はいつも若いのか。』
『楽しく食べる人は、一流になる。』
『一流の人は、〇〇しない。』
『ホテルで朝食を食べる人は、うまくいく。』
『なぜいい女は「大人の男」とつきあうのか。』
『服を変えると、人生が変わる。』

【日本実業出版社】
『出会いに恵まれる女性がしている63のこと』
『凛とした女性がしている63のこと』
『一流の人が言わない50のこと』
『一流の男　一流の風格』

【主婦の友社】
『輝く女性に贈る 中谷彰宏の運がよくなる言葉』
『輝く女性に贈る 中谷彰宏の魔法の言葉』

【水王舎】
『なぜあの人は「教養」があるのか。』
『「人脈」を「お金」にかえる勉強』
『「学び」を「お金」にかえる勉強』

【あさ出版】
『気まずくならない雑談力』
『なぜあの人は会話がつづくのか』

【学研プラス】
『頑張らない人は、うまくいく。』
文庫『見た目を磨く人は、うまくいく。』
『セクシーな人は、うまくいく。』
文庫『片づけられる人は、うまくいく。』
『なぜ あの人は2時間早く帰れるのか』
『チャンスをつかむプレゼン塾』
文庫『怒らない人は、うまくいく。』
『迷わない人は、うまくいく。』
文庫『すぐやる人は、うまくいく。』
『シンプルな人は、うまくいく。』
『見た目を磨く人は、うまくいく。』
『会話力のある人は、うまくいく。』
『ブレない人は、うまくいく。』

【リベラル社】
『モチベーションの強化書』
『問題解決のコツ』
『リーダーの技術』

『速いミスは、許される。』**(リンデン舎)**
『歩くスピードを上げると、頭の回転は
速くなる。』**(大和出版)**
『結果を出す人の話し方』**(水王舎)**
『一流のナンバー2』**(毎日新聞出版)**
『なぜ、あの人は「本番」に強いのか』
(ぱる出版)
『「お金持ち」の時間術』
(二見書房・二見レインボー文庫)
『仕事は、最高に楽しい。』**(第三文明社)**
『「反射力」早く失敗してうまくいく人の習慣』
(日本経済新聞出版社)
『伝説のホストに学ぶ82の成功法則』
(総合法令出版)
『リーダーの条件』**(ぜんにち出版)**
『転職先はわたしの会社』**(サンクチュアリ出版)**
『あと「ひとこと」の英会話』**(DHC)**

[恋愛論・人生論]

【ダイヤモンド社】
『なぜあの人は感情的にならないのか』
『なぜあの人は逆境に強いのか』
『25歳までにしなければならない59のこと』
『大人のマナー』
『あなたが「あなた」を超えるとき』
『中谷彰宏金言集』
『「キレない力」を作る50の方法』
『30代で出会わなければならない50人』
『20代で出会わなければならない50人』
『あせらず、止まらず、退かず。』
『明日がワクワクする50の方法』
『なぜあの人は10歳若く見えるのか』
『成功体質になる50の方法』
『運のいい人に好かれる50の方法』
『本番力を高める57の方法』
『運が開ける勉強法』
『ラスト3分に強くなる50の方法』
『答えは、自分の中にある。』
『思い出した夢は、実現する。』
『面白くなければカッコよくない』
『たった一言で生まれ変わる』
『スピード自己実現』
『スピード開運術』
『20代自分らしく生きる45の方法』
『大人になる前にしなければならない
50のこと』
『会社で教えてくれない50のこと』
『大学時代しなければならない50のこと』
『あなたに起こることはすべて正しい』

【PHP研究所】
『なぜあの人は、しなやかで強いのか』
『メンタルが強くなる60のルーティン』
『なぜランチタイムに本を読む人は、成功する
のか。』
『中学時代にガンバれる40の言葉』
『中学時代がハッピーになる30のこと』
『14歳からの人生哲学』
『受験生すぐにできる50のこと』
『高校受験すぐにできる40のこと』
『ほんのささいなことに、恋の幸せがある。』
『高校時代にしておく50のこと』
『中学時代にしておく50のこと』

中谷彰宏　主な作品一覧

［ビジネス］

【ダイヤモンド社】

『50代でしなければならない55のこと』
『なぜあの人の話は楽しいのか』
『なぜあの人はすぐやるのか』
『なぜあの人の話に納得してしまうのか[新版]』
『なぜあの人は勉強が続くのか』
『なぜあの人は仕事ができるのか』
『なぜあの人は整理がうまいのか』
『なぜあの人はいつもやる気があるのか』
『なぜあのリーダーに人はついていくのか』
『なぜあの人は人前で話すのがうまいのか』
『プラス1%の企画力』
『こんな上司に叱られたい。』
『フォローの達人』
『女性に尊敬されるリーダーが、成功する。』
『就活時代しなければならない50のこと』
『お客様を育てるサービス』
『あの人の下なら、「やる気」が出る。』
『なくてはならない人になる』
『人のために何ができるか』
『キャパのある人が、成功する。』
『時間をプレゼントする人が、成功する。』
『ターニングポイントに立つ君に』
『空気を読める人が、成功する。』
『整理力を高める50の方法』
『迷いを断ち切る50の方法』
『初対面で好かれる60の話し方』
『運が開ける接客術』
『バランス力のある人が、成功する。』
『逆転力を高める50の方法』
『最初の3年その他大勢から抜け出す50の方法』
『ドタン場に強くなる50の方法』
『アイデアが止まらなくなる50の方法』
『メンタル力で逆転する50の方法』
『自分力を高めるヒント』
『なぜあの人はストレスに強いのか』
『スピード問題解決』
『スピード危機管理』
『一流の勉強術』
『スピード意識改革』
『お客様のファンになろう』
『なぜあの人は問題解決がうまいのか』
『しびれるサービス』
『大人のスピード説得術』
『お客様に学ぶサービス勉強法』
『大人のスピード仕事術』
『スピード人脈術』
『スピードサービス』
『スピード成功の方程式』
『スピードリーダーシップ』
『出会いにひとつのムダもない』
『お客様がお客様を連れて来る』
『お客様にしなければならない50のこと』
『30代でしなければならない50のこと』
『20代でしなければならない50のこと』
『なぜあの人は気がきくのか』
『なぜあの人はお客さんに好かれるのか』
『なぜあの人は時間を創り出せるのか』
『なぜあの人は運が強いのか』
『なぜあの人はプレッシャーに強いのか』

【ファーストプレス】

『「超一流」の会話術』
『「超一流」の分析力』
『「超一流」の構想術』
『「超一流」の整理術』
『「超一流」の時間術』
『「超一流」の行動術』
『「超一流」の勉強法』
『「超一流」の仕事術』

【PHP研究所】

『もう一度会いたくなる人の聞く力』
『【図解】仕事ができる人の時間の使い方』
『仕事の極め方』
『【図解】「できる人」のスピード整理術』
『【図解】「できる人」の時間活用ノート』

【PHP文庫】

『入社3年目までに勝負がつく77の法則』

【オータパブリケイションズ】

『レストラン王になろう2』
『改革王になろう』
『サービス王になろう2』

■|著者紹介

中谷彰宏（なかたに・あきひろ）

1959年、大阪府生まれ。早稲田大学第一文学部演劇科卒業。84年、博報堂に入社。CMプランナーとして、テレビ、ラジオCMの企画、演出をする。91年、独立し、株式会社 中谷彰宏事務所を設立。

ビジネス書から恋愛エッセイ、小説まで、多岐にわたるジャンルで、数多くのロングセラー、ベストセラーを送り出す。「中谷塾」を主宰し、全国で講演・ワークショップ活動を行っている。

■公式サイト　https://an-web.com/

本の感想など、どんなことでも、
あなたからのお手紙をお待ちしています。
僕は、本気で読みます。　　　中谷彰宏

〒162-0816　東京都新宿区白銀町1-13
きずな出版気付　中谷彰宏　行
※食品、現金、切手などの同封は、ご遠慮ください（編集部）

中谷彰宏は、盲導犬育成事業に賛同し、この本の印税の一部を（公財）日本盲導犬協会に寄付しています。

しがみつかない大人になる63の方法
―「執着」から、解放されよう。

2018年11月1日　第1刷発行

著　者　中谷彰宏

発行者　櫻井秀勲
発行所　きずな出版
東京都新宿区白銀町1-13　〒162-0816
電話03-3260-0391　振替00160-2-633551
http://www.kizuna-pub.jp/

装　幀　福田和雄（FUKUDA DESIGN）
編集協力　ウーマンウエーブ
印刷・製本　モリモト印刷

ISBN978-4-86663-051-9

きずな出版

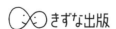